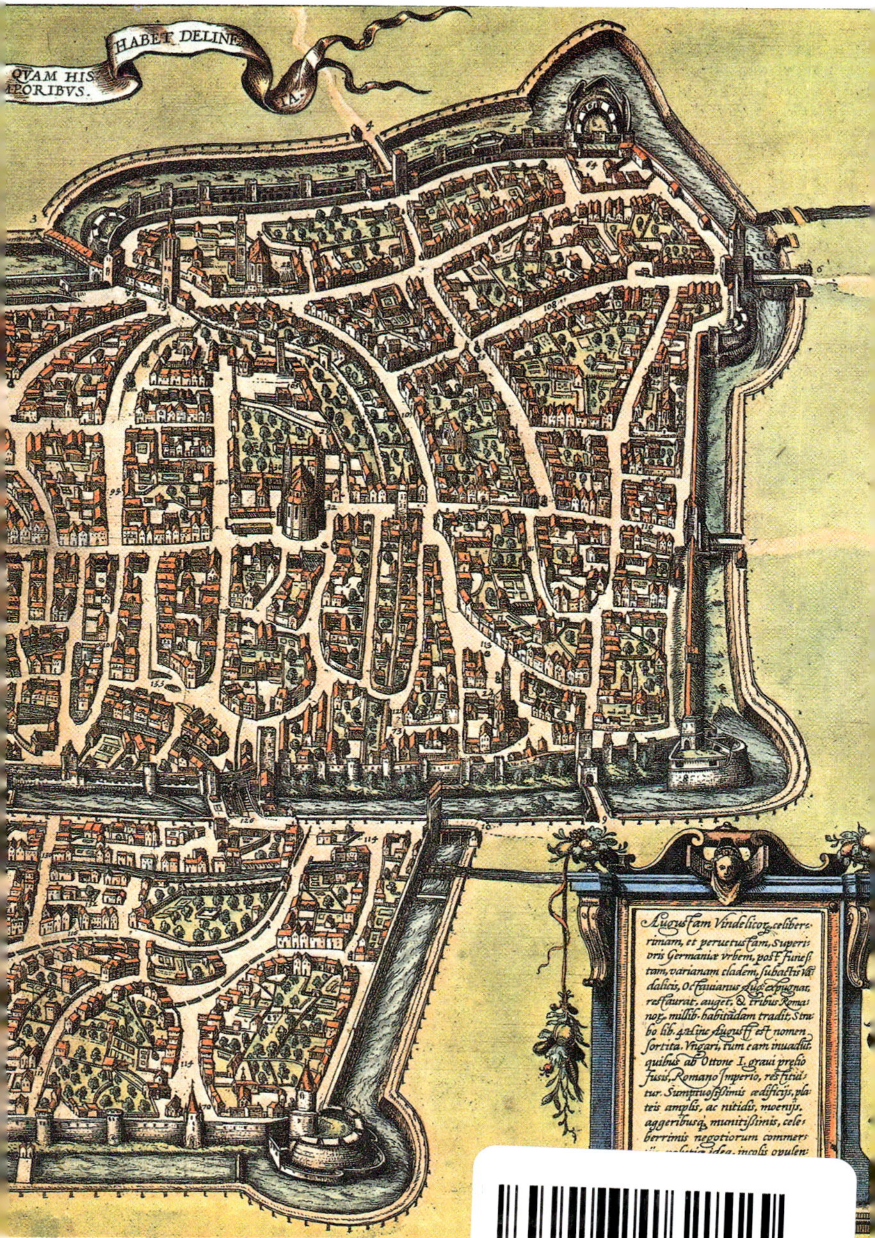
QVAM HIS
HABET DELINE
IPORIBVS.
Augustam Vindelicorum celeberrimam, et peruetustam, Superioris Germaniæ vrbem, post funestam, varianam cladem, subactis Vandalicis, Octauianus Aug: expugnat, restaurat, auget, & tribus Romanorum millib. habitãdam tradit, Strabo lib. 4. hinc Augusti est nomen sortita. Vngari, tum eam inuadût. quibus ab Ottone I. graui prelio fusis, Romano Imperio, restituitur. Sumptuosissimis ædificijs, plateis amplis, ac nitidis, moenijs. aggeribusq; munitissimis, celeberrimis negotiorum commer-

Bernd Roeck

Geschichte Augsburgs

Bernd Roeck

Geschichte Augsburgs

C. H. Beck

Mit 60 Abbildungen, davon 41 in Farbe

Gesetzt in der Sabon im Verlag C.H. Beck
Druck und Bindung: Kösel, Krugzell-Altusried
Gedruckt auf säurefreiem, alterungsbeständigem Papier
(Hergestellt aus chlorfrei gebleichtem Zellstoff)
Printed in Germany
ISBN 3 406 53197 0

www.beck.de

Inhalt

Anfänge

Das Land

An Föhntagen oder im Winter, wenn die Kälte den Dunst vertrieben hat und das Sonnenlicht die Umrisse scharf zeichnet, sieht man vom Augsburger Perlachturm aus im Süden die Alpen schimmern. Im Osten erstrecken sich sanft gewellte Hügel, gegen Westen bewaldete Höhenzüge.

Das Land, das sich dem Blick zeigt, erfuhr seine Formung in der Eiszeit; sie hinterließ zwei große Flüsse, Lech und Wertach, und mehrere kleine Bäche, von denen Singold und Brunnenbach die wichtigsten sind. Ihr Verlauf läßt sich vom Perlach aus nur ahnen. Aber sie sind für die Stadtgeschichte von entscheidender Bedeutung. Man kann, ein wenig poetisch, sagen: Aus ihrer Vereinigung ging Augsburg hervor. Denn die Stadt liegt genau dort, wo Lech und Wertach zusammenströmen, um, nun im gemeinsamen Bett, zur Donau hinabzufließen.

Vorgeschichte

Das Gebiet dürfte seit der Mitte des fünften Jahrtausends vor Christi Geburt besiedelt gewesen sein. Die frühesten Spuren der Anwesenheit des Menschen wurden zunächst vor allem im Westen und Südwesten des späteren Stadtgebietes, bei Göggingen, Bobingen und Inningen entdeckt. Erst durch Ausgrabungen der letzten Jahrzehnte ist klar, daß auch der Osten – die Gegend des heutigen Vororts Haunstetten – und der Bereich St. Ulrich und Afra seit der späten Jungsteinzeit bewohnt waren.

Die Menschen des Neolithikums waren seßhaft, lebten in Holzhütten. Sie rodeten das Land, hielten Vieh und betrieben Ackerbau. Was sie bewog, sich vor allem auf der Hochterrasse niederzulassen, war der fruchtbare Boden; außerdem war man hier vor Überschwemmungen sicher. Die Siedler fertigten Werkzeuge und Keramik, deren Überreste erhalten blieben und es gestatten, Altersbestimmungen vorzunehmen. Bei Inningen wurde 1937 ein merkwürdiger jungsteinzeitlicher Bestattungsplatz entdeckt, eine Grube, die sechs menschliche Skelette mit Hiebverletzungen an den Schädeln, aber auch Tierknochen enthielt. Wir werden nie erfahren, ob es sich um Opfer ritueller Tötungen oder um gefallene Krieger handelte, und warum die Toten ihr Grab mit Tieren teilen mußten.

Mit der Bronzezeit, um 1800 v. Chr., häufen sich auch im Augsburger Umland die Funde. Schmuckscheiben, Armringe und Waffen, daneben aufwendige Grabanlagen – bei Königsbrunn wurde eine aus großen Tuffsteinplatten zusammengefügte Grabkammer entdeckt – lassen auf die Existenz einer angesehenen Oberschicht schließen. Auf soziale Differenzierungen dürften auch die gewaltigen Grabhügel der mittleren Bronzezeit, um 1600 v. Chr., verweisen; manche haben einen Durchmesser von bis zu zehn Metern. Daß zu dieser Zeit ein intensiver Landesausbau stattgefunden haben muß, zeigen nicht nur Funde aus dem Umland Augsburgs. In jüngerer Zeit kamen auch auf dem Gelände der späteren Römerstadt Keramikscherben zum Vorschein, die auf bronzezeitliche Besiedlung verweisen. Daß die meisten Siedlungen sich auf der Hochterrasse zwischen Lech und Wertach mit ihrem fruchtbaren Lößboden befanden, verwundert nicht.

Aus der nachfolgenden Kulturepoche, der nach ihren Bestattungsbräuchen sogenannten «Urnenfelderzeit» (um 1200 – um 730 v. Chr.), haben sich weit weniger Überreste erhalten. Einige Funde deuten auf Ansiedlungen an der heutigen langen Gasse und in Haunstetten hin. Urnen, die zu ausgedehnten Grabanlagen gehörten, enthielten neben dem Leichenbrand Beigaben aus Metall: wiederum ein Hinweis auf Wohlstand, dazu auf Handelsbeziehungen, denn der Rohstoff mußte importiert werden.

Im letzten Drittel des achten Jahrhunderts kam es zu einer technischen Neuerung. Zusehends wurde nicht mehr Bronze, sondern das härtere Eisen zur Anfertigung von Arbeitsgerät und Waffen benutzt. Die ältere Eisenzeit – oder, wie die Epoche zwischen etwa 730 und 500 nach einem österreichischen Fundplatz genannt wird, der Hallstattzeit – war eine Periode blühender Kultur. Die Hallstadt-Leute fertigten bunt bemalte Keramik; auch verbrannten sie ihre Toten nicht. Hochstehenden Verstorbenen stellte man mit Bronzebeschlägen reichverzierte Wägen für die Reise ins Jenseits bereit; ihre Pferde erhielten geschmückte Geschirre. Reste solcher Luxusbestattungen wurden zum Beispiel in Kriegshaber, bei Wellenburg und zwischen den südlich der Stadt gelegenen Orten Bobingen und Wehringen ausgegraben.

Um die Mitte des ersten vorchristlichen Jahrtausends, wohl noch während der späten Hallstatt-Zeit, siedelten sich im Voralpengebiet keltische Zuwanderer an; sie kamen von Westen her, vermutlich aus dem gallischen Raum. Die Römer sprachen von *Celtae* oder *Galli*; jene keltischen Stämme, die sich im Alpenvorland zwischen Bodensee und Inn niederließen, nannten antike Autoren *Vindelici*, Vindeliker, und unterschieden eine Reihe von Teilstämmen. Die Namen der beiden Augsburger «Schicksalsflüsse» könnten keltischen Ursprungs sein. Danach ginge «Lech» auf *lika* oder *likos*, der «Steinige», zurück und Wertach auf *virdo*, was «die Schnelle» bedeuten könnte.

Ob es bei der Landnahme zu kriegerischen Zusammenstößen – wie später in Italien mit den Römern – kam, ist unbekannt. Aus dem Augsburger Raum sind allerdings auch kaum Funde aus den letzten fünf vorchristlichen Jahrhunderten, der «Latène-Zeit», gelungen, die Hinweise geben könnten. So ist es nicht einfach zu entscheiden, wie ausgeprägt der wirtschaftliche Niedergang war, den die keltischen Wanderungen bewirkten. Auffällig ist, daß sich seit dem 4. Jahrhundert erneut die Bestattungsbräuche ändern. Die Toten erhalten nicht mehr spektakulär aufgetürmte Hügel, vielmehr bescheidene Erdgräber mit nur ein oder zwei Gefäßen als Beigaben. Man ging so weit, einer «goldenen Hallstatt-Zeit» in Augsburgs Umgebung die Latène-Periode als «eisernes Zeitalter» gegenüberzustellen (Hans Peter Uenze).

Allerdings entsteht mit der keltischen Einwanderung zum ersten Mal eine städtische Kultur nördlich der Alpen.

Es ist gut möglich, daß auch auf dem Sporn zwischen Lech und Wertach eine keltische Siedlung angelegt wurde; der archäologische Beweis fehlt bisher, allerdings wurden in Lechhausen und in der Altstadt Funde gemacht, die sich der spätkeltischen Zeit zuordnen lassen.

Eine Stadt im römischen Weltreich

Die Legionen des Augustus

Die Besetzung des Alpenvorlandes durch römische Truppen steht im Kontext umfassenderer strategischer Entwürfe, zugleich der dynastischen Politik des *Princeps* Augustus. Nach der Eroberung Galliens und Britanniens durch Caesar sprachen schon logistische Erwägungen dafür, die Grenzen des Reiches bis zu Donau und Elbe vorzuschieben. Allein zur Sicherung der Nordgrenze wäre es nicht nötig gewesen, den ganzen Alpenraum unter die Herrschaft des Imperiums zu bringen. Diese Absicht scheint bereits hinter den Kampagnen des Jahres 16 v. Chr. gestanden zu haben. Der Prokonsul von Illyrien, P. Silius Nerva, warf in den Ostalpen einen Vorstoß der Noriker zurück; es folgten Militäraktionen gegen einige im Gebiet um den Garda- und Comersee ansässige Stämme. Damit war die Operationsbasis für den Feldzug des folgenden Jahres geschaffen.

Das Unternehmen des Jahres 15 war demnach gut vorbereitet; man hatte zudem weitere Truppen ausgehoben und umfassende logistische Vorbereitungen getroffen. Im Sommer drangen zwei Heeresgruppen, unter dem Oberbefehl der Stiefsöhne des Augustus, Drusus und Tiberius, nach Norden vor. Tiberius kam von Westen, vom Bodensee her; Drusus zog über den Reschenpaß oder das Tal des Inn ins Voralpenland. Die keltische Bevölkerung scheint den Legionen der Supermacht keinen nennenswerten Widerstand entgegengesetzt zu haben; es kam offenbar nur zu einer einzigen größeren Schlacht. Wo und gegen wen die Römer sie austrugen, ist unbekannt.

Das Resultat des Blitzkrieges war eindeutig. Schon wenige Jahre später konnte ein «dem göttlichen Augustus» geweihtes, pompöses Siegesdenkmal, das *Tropaeum Alpinum* von La Turbie, die Unterwerfung «aller Völkerschaften» der Alpen verkün-

Statuette eines Genius des römischen Volkes, Bronze, vergoldet, um 50/70 n.Chr. Gefunden «Am Pfannenstiel», auf dem Gebiet der antiken Augusta.

den. Mit dem Jahr 15 vor Christus nimmt die römische Herrschaft über das Alpenvorland ihren Anfang. Die neuen Herren begannen mit der militärischen Sicherung des Landes; damit stehen auch die Ursprünge des römischen Augsburg in Zusammenhang.

Den römischen Pionieren dürfte die strategische Bedeutung des Platzes, den Lech und Wertach nach drei Himmelsrichtungen hin umschlossen, sofort aufgefallen sein. Der Ort lag erhöht über den sumpfigen Flußniederungen – ganz so, wie es der Architekturtheoretiker Vitruv, ein Zeitgenosse, bei der Gründung von Städten für gut hielt –, und er war leicht zu verteidigen. So überrascht nicht, daß der Platz für die Anlage eines großen Militärlagers ausgewählt wurde. Daß das Gebiet sehr bald nach dem Feldzug der Stiefsöhne des Augustus militärisch genutzt wurde, ist durch einen bedeutenden Fund im heutigen Augsburger Stadtteil Oberhausen dokumentiert. 1913 kamen in einer Kiesgrube einige tausend Metallteile zum Vorschein: Spieße, Dolche, Reste von Helmen, Panzern und Pferdegeschirr wurden gefunden, auch Ketten und Zeltheringe. Landwirtschaftliches und medizinisches Gerät, ja selbst ein Lötkolben ließen sich identifizieren. Nicht weniger als 231 Schreibgriffel erinnern daran, daß ein solches Arsenal auch verwaltet werden mußte. In der Nähe entdeckte *terra sigillata* – rötlich-braune, sehr feinkörnige Gefäßkeramik – erlaubt es, die Einrichtung des Lagers auf die Zeit zwischen 8 und 5 v. Chr. einzugrenzen.

Die jüngste der etwa 380 Münzen, die in Oberhausen gefunden wurden, wurde um 15 n. Chr. geprägt. Damals muß das Arsenal aufgegeben worden sein, vielleicht, weil nach der römischen Niederlage im Teutoburger Wald Truppen aus Vindelikien nach Norden verlegt werden mußten. Die Pläne zur Eroberung des Gebiets bis zur Elbe waren damals aufgegeben worden. Im Land südlich der Donau legten die römischen Strategen kleinere Garnisonen an. Sie überwachten auch die Fernstraßen, von denen eine für die Entwicklung des römischen Augsburg von besonderer Bedeutung wurde: die 46 v. Chr. fertiggestellte *Via Claudia Augusta*, die von Oberitalien bis zur Donau führte.

Aus etwa derselben Zeit, für die das Ende des Oberhausener Lagers angenommen wird, stammen die frühesten Spuren einer römischen Besiedlung auf der Hochterrasse. Östlich des Domes wurden Reste eines kaiserzeitlichen Kastells entdeckt. Es muß eine respektable Anlage gewesen sein, die sich über eine Fläche von etwa 320 Hektar erstreckte. An den Ausfallstraßen ließen sich Handwerker und Händler nieder. So kristallisierte sich allmählich eine zivile Siedlung um das Lager. Ob dabei ältere, keltische Ansiedlungen integriert wurden, ist unbekannt, aber wahrscheinlich.

Die weitere Entwicklung der kleinen Stadt wurde durch das Vorrücken der römischen Grenze nach Norden geprägt. 73/74 eroberte das obergermanische Heer das Land um den Schwarzwald und drang bis zum Neckar vor; damit war eine direkte Verbindung zwischen Donau und Rhein hergestellt. Am Ende des ersten Jahrhunderts hatte das Imperium seine weiteste Ausdehnung nach Norden erreicht. In den folgenden Jahrzehnten wurden die Grenzbefestigungen verstärkt. Unter Antoninus Pius (138–161) war der Ausbau mit Errichtung des raetischen Limes abgeschlossen. Eine Steinmauer, Wehrtürme und eine dichte Kette von Kastellen markierten, wo das Reich der Römer endete und das «freie Germanien» begann. Für die Siedlung auf der Hochterrasse zwischen Lech und Wertach bedeutete dies, daß einerseits ihre militärische Bedeutung zurückging, sie andererseits – da sich die Grenze von ihr entfernt hatte – in eine zentrale Position hineinwuchs.

Vermutlich unter Kaiser Claudius (41–54) war Raetien und damit das Land um Augsburg zu einer eigenständigen Provinz erhoben worden. Ob Augsburg schon damals Hauptort der neuen Provinz war oder *Cambodunum*, das spätere Kempten, ist ebenso umstritten wie die Frage, auf welchen der beiden Orte die in Tacitus' Germania (um 98) nachzulesende Kennzeichnung als «*splendidissima Raetiae provinciae colonia*», «herrliche Stadt der Provinz Raetien» zu beziehen ist. Der Kontext der Tacitus-Stelle spricht für Augsburg, die archäologischen Befunde favorisieren die Identifikation mit Kempten, das im ersten Jahr-

Pferdkopf aus vergoldeter Bronze, wohl Teil eines monumentalen Reiterstandbilds, 1769 in der Wertach bei Pfersee gefunden. Mittlere Kaiserzeit.

hundert tatsächlich ein reiches Gemeinwesen mit eindrucksvollen öffentlichen Gebäuden gewesen sein muß.

Sicher ist, daß Augsburg die Rivalin allmählich überflügelte. Spätestens unter Kaiser Trajan war die Stadt Hauptort Raetiens (Lothar Bakker). Sein Nachfolger Hadrian, der die Provinz bereist hat und dabei wohl auch die *colonia* am Lech besuchte, verlieh ihr um 120/21 das Munizipalrecht. Auf Inschriften heißt sie nun *Municipium aelium augustum* oder *Aelia augusta*. Das «*Aelia*» bezog sich auf den Namen der Aelier, des Geschlechts, dem Hadrian entstammte. Weitere Quellen nennen den Ort *Augusta Vindelicum*, *Augusta Vindelicencis* oder auch nur *Augusta*. Der Geograph Ptolemaeus bietet eine griechische Version: *Augusta Vindelikon*.

Wie in anderen Provinzhauptstädten residierte auch in Augsburg ein Statthalter des Kaisers, der bis zur Mitte des 3. Jahrhunderts die oberste zivile und militärische Gewalt ausübte; erst danach wurden diese Funktionen getrennt. Das *municipium* hatte aber auch Selbstverwaltungsrechte, die von einem Rat – den vermutlich etwa hundert *decuriones* – wahrgenommen wurden; an ihrer Spitze standen die *quattuorviri*, ein Kollegium von vier Männern, die Aufgaben im Bereich der Rechtsprechung und des Polizeiwesens ausübten. Die *seviri*, die «Sechsmänner», waren so etwas wie die «Kulturdezernenten» des antiken Augsburg. Sie kümmerten sich um Spiele und Festlichkeiten, zugleich oblagen ihnen die Organisation des Kaiserkults und die Aufsicht über die Heiligtümer. In ihren Ehrenämtern spiegelt sich jene für das antike Rom so typische enge Verbindung von weltlichen und, im modernen Sinn, geistlichen Funktionen.

Bronze, Gold und Purpur: Leben in der römischen Provinz

Obwohl die einheimischen keltischen Stämme in lebhaftem Austausch mit der Kultur des Mittelmeerraumes gestanden hatten, bedeutete die Romanisierung des Voralpenlandes einen gewaltigen Zivilisationsschub. Innerhalb eines Jahrhunderts erhielt das Land eine hochmoderne Infrastruktur. Es wurde in ein Kommunikationsnetz eingespannt, das bis zu den fernen Grenzen des Imperiums im Osten reichte; so versorgte ein gewisser Titus Claudius Euphrates die Hautevolee der *Augusta* mit orientalischen Purpurstoffen.

Während bis in die Römerzeit im wesentlichen nur Knochen, Scherben und Bodenverfärbungen Zeugen im übrigen völlig stummer Kulturen sind, brechen die Römer das Schweigen: Sie haben Inschriften und eine Fülle von Münzen, Geräten, Waffen und Kunstwerken hinterlassen. Mit den Eroberern aus dem Süden kamen Thermenanlagen und komfortable Fußbodenheizungen; die wohlhabenden Bürger ließen ihre Paläste mit Fresken und Mosaiken schmücken. Während Spuren des antiken Forums entdeckt werden konnten (im Stephansgarten), ließen sich jene repräsentativen Gebäude, die zur «Standardausstattung» römischer Provinzmetropolen gehörten und sicher auch in Augsburg vorhanden waren, bisher nicht nachweisen – Kurie, Basilika und Theater, Tempel und Statthalterpalast; immerhin konnten Reste mächtiger Thermenanlagen ergraben werden. 1769 wurde in Pfersee der vergoldete, lebensgroße Bronzekopf eines Pferdes gefunden, Teil einer außerordentlich qualitätvollen Reiterstatue, die dem berühmten Standbild des Marc Aurel auf dem Kapitol von Rom geglichen haben muß. Auch eine ebenfalls vergoldete Bronzestatue des *Genius Populi Romani* diente dem Kaiserkult. Sie stammt vermutlich aus der Zeit zwischen 50 und 70 n. Chr. (Abb. S. 12)

Die Stadtmauer umschloß eine Fläche von 85 Hektar. Hier, im Norden der heutigen Altstadt, lebten während der Blütezeit der *Aelia Augusta* wohl 8000–12000 Menschen, die meisten von ihnen in Holzhäusern. Erst im 2. Jahrhundert drang die Steinbauweise vor. Kultgegenstände und allerlei Nippes ließen sich bei den Statuettenhändlern erwerben. Einer von ihnen, Victor Victorianus, handelte daneben mit *terra sigillata*-Keramik, feinem Küchengeschirr für den gehobenen Bedarf. Einen Eindruck von der Lebensart der antiken Augsburger vermittelt eine elegante, erst 1990 gefundene Karneolgemme des ersten Jahrhunderts, die einen angelnden jungen Mann auf einem Fabelwesen, halb Ziege, halb Fisch, zeigt.

Der Wohlstand der *Aelia Augusta* kam vor allem aus dem Handel; die Präsenz von Leuten aus Gallien, ja selbst aus Pannonien ist durch Grabsteine bezeugt. Aus Italien, Spanien und Frankreich wurde Wein und Olivenöl eingeführt, sogar Austern standen auf dem Speiseplan der Reichen. Sie schätzten auch *liquamen*, eine köstliche, süßsauer schmeckende Makrelensauce, zu deren Herstellung Pinienkerne und Honig erforderlich waren. Sie war im Laden des M. Valerius Maxumus in hervorragender Qualität – «*excellens*» – zu kaufen. In der Umgebung der Stadt ließen sich reiche Grundbesitzer prächtige Villen errichten, etwa im heutigen Stadtbergen und bei Friedberg. Von hier aus wurden die großen Latifundien, aus denen die Augusta versorgt wurde, verwaltet.

Vom Leben der einfachen Leute ist demgegenüber so gut wie nichts bekannt. Daß es auch in Augsburg Sklaven und Freigelassene gab, ist sicher; Soldaten und Veteranen, die sich aufwendige Grabmonumente leisten konnten, zählten kaum zu den Armen. Das eindrucksvollste Beispiel ist ein Pfeilergrabmal, das 1709 in Oberhausen gefunden wurde: Ein gewisser Titus Flavius Martialis ließ es sich und seiner Familie um 200 bauen. Sehr selten gewähren die Inschriften Einblicke in Lebensschicksale und längst vergangenes Leid, so, wenn der Stadtrat C. Julius Achilleus seiner im Alter von nicht einmal zwei Jahren gestorbenen «allerliebsten» Tochter Aurelia Julia ein Grabdenkmal errichten und die Formel OTSL, OPTO TERRA SIT TIBI LEVIS, hinzufügen läßt: «Möge die Erde Dir leicht sein».

Schließlich brachten die Legionen der Imperatoren die Götter und Göttinnen des Reiches ins schwäbische Land. Von den Herrschern der Unterwelt, Pluto und Proserpina, bis zu Merkur und dem Göttervater Jupiter haben sie Spuren in Form von Inschriften, Statuen oder Bildern hinterlassen. Eine elegante Bronzestatuette zeigt die Göttin der Fruchtbarkeit und der Liebe, Venus, wie sie im Begriff ist, sich die Sandale zu lösen. Dem Kult

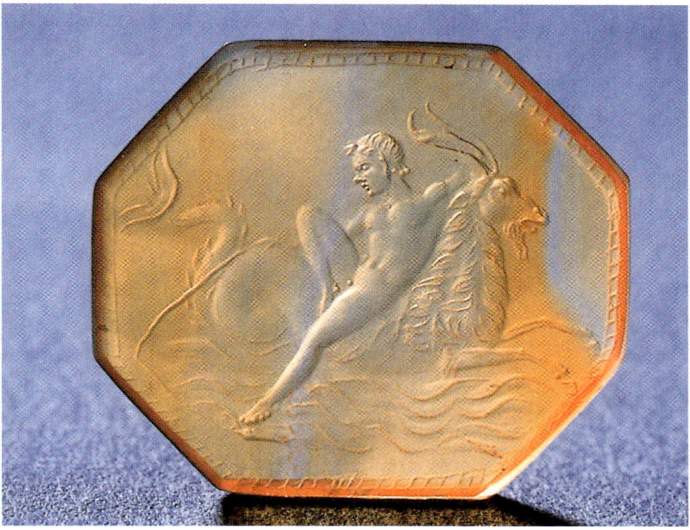

Karneolgemme mit angelndem Jüngling, der auf einem Mischwesen – halb Fisch, halb Ziege – sitzt. 1. Jahrhundert.

des Kriegsgottes Mars und der Victoria widmete sich die Genossenschaft der Marsverehrer, das *contubernium marticultorum*, der wohl vor allem Soldaten angehörten. Auch orientalische Gottheiten wie Isis oder der syrische Sonnengott Elagabal wurden in der Augusta verehrt.

Augsburg in spätrömischer Zeit

Ein «Wetterleuchten» der Wirren der Völkerwanderungszeit waren Einfälle der Markomannen in das Römische Reich. Sie zogen in den 70er Jahren des zweiten Jahrhunderts auch die Provinzhauptstadt Augusta in Mitleidenschaft. Damals konnte Rom die Eindringlinge zurückschlagen und Frieden erzwingen. Im dritten Jahrhundert aber wurde die Lage kritisch. Zur inneren Schwäche des Imperiums, das immer wieder von Thronkämpfen erschüttert wurde, kamen Bedrohungen durch äußere Feinde. Die Kriege gegen die Parther und dann gegen das neupersische Reich der Sassaniden zwangen Rom, Truppen aus Raetien abzuziehen, um

Badende Venus. Bronzestatuette, 1877 am Lueginslandgäßchen gefunden. 2. Jahrhundert.

durch sie die Orientarmee zu verstärken. So wurden die Verteidigungslinien im Norden geschwächt. 233 durchbrachen alamannische Stämme den Limes, metzelten die Besatzungen einiger Grenzkastelle nieder und drangen bis ins Allgäu vor. Das Land hatte schwer zu leiden. Außerhalb der Befestigungen gelegene Häuser der *Aelia Augusta* wurden eingeäschert. Zahlreiche Menschen müssen dabei den Tod gefunden haben; im Brandschutt fanden sich Skelettreste.

Drei Jahrzehnte später belagerten die Juthungen die rätische Hauptstadt. Der römische Statthalter konnte sie unter Augsburgs Mauern am 24. und 25. April 260 schlagen und die Geiseln, die sie von einem Beutezug nach Oberitalien mitführten, befreien. Zum Gedächtnis an den Sieg wurde ein dem Mars und der Victoria geweihter Altar errichtet, dessen Inschrift das einzige Zeugnis des Ereignisses darstellt; er feiert den Sieg über die aus Italien zurückgekehrten *barbaros gentis Semnonum sive Iouthungorum*. Der wahrhaft sensationelle Fund gelang 1992 am Gänsbühl in der nordöstlichen Altstadt. Der Text teilt auch mit, daß die *Aelia Augusta* damals zum Teilreich des Postumus, der sich im Westen an die Macht geputscht hatte, gehörte.

Der Beistand der Götter verschaffte den Bewohnern der *Augusta* eine Atempause. Aber schon 275 scheint Augsburg erneut belagert worden zu sein. Kaiser Aurelian selbst soll das Entsatzheer befehligt haben. 287 oder 279 siegte sein Nachfolger Probus über Burgunder und Vandalen. Er reorganisierte die

Pfeilergrabmal des Titus Flavius Martialis. Um 200 n.Chr., 1709 in Augsburg-Oberhausen gefunden.

Grenzverteidigung und gab den obergermanischen Limes auf. Die Konzentration der Kräfte erwies sich als wirkungsvoll. Eine Augsburger Inschrift konnte Probus als «überaus vorsorgenden» Wiederhersteller – *restitutor* – der Provinz und der öffentlichen Gebäude rühmen.

Sein Nachfolger Diokletian (284–305), der wegen der Christenverfolgungen, die zu seiner Zeit stattfanden, übel beleumundet ist, war in Wahrheit ein tatkräftiger Herrscher, der sich an zahlreichen Reformen versuchte. Ein Schlüsselwort für ihre Stoßrichtung ist «Dezentralisierung». Italien verlor seine Sonderstellung und wurde seinerseits in Provinzen untergliedert. Die Provinz Raetien erfuhr eine Aufteilung: *Raetia I* um *Curia* (Chur) umfaßte die Alpengebiete, *Raetia II* mit *Augsburg* als Hauptstadt den Rest. Nach 297 wurde der militärische Oberbefehl einem *dux* übertragen und von der Zivilgewalt, die ein *praeses* wahrnahm, abgetrennt. Wenn Inschriften Diokletian als *fundator pacis aeternae*, als Begründer ewigen Friedens, feiern, war daran soviel richtig, daß seine Herrschaft und die Konstantins des Großen (306–337) eine ruhigere Phase für die beiden Raetien und die Bewohner der *Aelia Augusta* begründeten.

Augsburgs Befestigung wurde damals um rechteckige Türme verstärkt. Daß die Provinzhauptstadt von Militär belegt war, dokumentieren zwei mit vergoldetem Silberblech überzogene Helme, die vielleicht dem *dux* selbst, sicher einem hohen Offizier gehörten. Wenigstens der Oberschicht der *Augusta* war noch immer ein einigermaßen luxuriöses Dasein möglich; ganz rissen auch die Fernhandelsbeziehungen nicht ab. Eine an der Jesuitengasse gefundene Glasschale – ihre Gravur zeigt den auf dem Flügelroß Pegasus reitenden Bellerophon über der getöteten Chimäre – deutet auf das Fortdauern von Handelsbeziehungen bis in den östlichen Mittelmeerraum hin. Ob der Nimbus um das Haupt des Bellerophon bereits als Spur christlichen Denkens gedeutet werden kann?

Die Krise des Reiches und das Ende der Antike

Nach der Mitte des 4. Jahrhunderts reißen die Nachrichten von Beutezügen der «Barbaren» nicht mehr ab. Das Imperium versuchte verzweifelt, der andrängenden Völkerscharen Herr zu werden. Oft gelang das nur, indem man sich mit lokalen *warlords* oder Stammeshäuptlingen arrangierte. Unter Valentinian I. wurde in einer «gigantischen Anstrengung» (Hans-Jörg

Kellner) nochmals versucht, Rhein und Donau durch neue Befestigungen – namentlich durch *burgi*, steinerne, von Gräben umzogene Kleinkastelle oder Türme – zu sichern. Zwischen 365 und 370 konnten die Alamannen zurückgedrängt werden (damals hörte allerdings eine Siedlung beim heutigen Königsbrunn auf zu bestehen); 383/84 bediente sich Rom für den Krieg um Raetien alanischer und hunnischer Soldtruppen.

Wann und in welchem Ausmaß sich im 4. Jahrhundert Alamannen und Angehörige anderer Stämme in und um Augsburg niederließen, ist aufgrund fehlender Quellen nicht zu beurteilen. Ein mit stilisierten Pferdeköpfen verzierter Kamm aus Knochen, eine germanische Arbeit der Zeit um 400, belegt den Austausch zwischen den beiden Kulturen. Sie wurde an der Jesuitengasse gefunden. Sicher ist dagegen, daß die Augusta zu den letzten Plätzen in Raetien zählte, an denen damals noch eine halbwegs geordnete Verwaltung aufrechterhalten wurde und auch römisches Militär stationiert war: eine Reitereinheit, die *equites stablesiani seniores*. Die Stadt scheint damals noch immer dicht bewohnt gewesen zu sein – vermutlich deshalb, weil ihre turmbewehrten Mauern Sicherheit boten und Flüchtlinge anzogen. Letzte Baumaßnahmen an der Stadtbefestigung sind für die Zeit zwischen 388 und 402 bezeugt.

Das Ende Roms kam von innen, durch mörderische Thronkämpfe, und von außen, durch die in immer neuen Wellen über die Grenzen strömenden «Barbaren». Das Imperium hatte seine Kräfte überdehnt; es fehlte überall an Truppen, die unendlich langen Grenzen zu sichern. Die regulären Truppen sahen sich in asymmetrische Kriege mit einer geschickt operierenden Guerilla verwickelt. Außerdem bestand ein demographisches Gefälle zwischen dem Reich (bzw. dem, was davon noch übrig war) und den Ländern jenseits seiner Grenzen.

Für die *Raetia II* kam das Ende zu Beginn des 5. Jahrhunderts. Der weströmische Herrscher Stilicho, selbst Sohn eines Wandalen, sah sich gezwungen, den strategischen Schwerpunkt der Reichsverteidigung nach Oberitalien zu verlegen. Der Kampf um Rom wurde zuerst von Mailand, dann von Ravenna aus geführt. Für die Sicherung Raetiens dürften wieder germanische Verbände herangezogen worden sein. 405 zog der gotische Heerführer Radagais, ohne auf Widerstand zu treffen, mit einer gewaltigen – vielleicht 200 000 Mann starken – Schar von Alamannen, Wandalen und anderen Völkern durch Raetien nach Italien; 407 fiel die Rheingrenze, die Reste der römischen Truppen wurden in das Feldheer eingegliedert. 410 nahm der Westgotenkönig Alarich Rom. Das Ende des Reiches konnte, dank der militärischen Leistungen seiner Heermeister, noch um sechs Jahrzehnte hinausgezögert werden; in den Provinzen aber war Roms Macht lange dahin, als man 476 den letzten Kaiser Romulus «Augustulus» absetzte. Das Erbe des Imperiums fiel in die Hände der Ostgoten, dann der Langobarden. Im Osten wurde es von der aufsteigenden byzantinischen Macht bewahrt. Das römische Weltreich wurde für das folgende Jahrtausend zum mythischen Erinnerungsort, Exempel für Größe und Garant der christlichen Heilsgeschichte.

Mit welchen Gedanken die Bewohner der *Aelia Augusta* seinen Untergang erlebten, ist durch keine Quelle überliefert. Wir wissen nicht, ob sie den Völkerzug des Jahres 405 von den noch unversehrten Mauern ihrer Stadt beobachten konnten oder ob die Befestigungen schon damals überrannt wurden. Ein Münzschatz, der am Springergäßchen zum Vorschein kam, muß in den ersten Jahrzehnten des 5. Jahrhunderts vergraben worden sein. Welche Gefahr seinen Besitzer dazu veranlaßte, die Kleinbronzen zu verbergen, werden wir wohl nie erfahren.

Christus kam bis Augsburg

Der Boden Augsburgs und seiner Umgebung gibt Hinweise darauf, daß für die Akzeptanz des Christentums günstige Voraussetzungen bestanden haben müssen. Der Kult des Sol bereitete den Glauben an einen Gott vor. Bei Königsbrunn wurde ein Mithräum ausgegraben: Auch im Augsburger Gebiet wurde der persische Lichtgott Mithras verehrt. Durch Soldaten und Kaufleute war der Mysterienkult dieses Vorläufers Christi vom Orient nach Westen gelangt und hatte sich bald im ganzen Reich verbreitet.

Wann aber kam Christus nach Augsburg? Die frühesten Spuren des Christentums verlieren sich im Dunkel legendenhafter Überlieferung. Die Verehrung einer hl. Afra als Märtyrerin ist seit der zweiten Hälfte des 6. Jahrhunderts bezeugt. Der Dichter

Venantius Fortunatus schreibt in seiner Vita des hl. Martin (im Original in lateinischen Hexametern): «Wenn Du die barbarischen Ströme des Rhein und der Donau ruhig überschreiten kannst, kommst Du nach Augsburg, wo Wertach und Lech zusammenfließen. Dort wirst Du die Gebeine der heiligen Afra verehren.» Diese Sätze wurden wohl zwischen 573 und 577 geschrieben. Wahrscheinlich beziehen sie sich auf eine Pilgerreise, die der Autor um 565 unternahm. Aus den «dunklen Jahrhunderten» zwischen 400 und der Mitte des 7. Jahrhunderts stellen sie neben der Erwähnung in einem römischen Martyrologium das einzige überhaupt erhaltene Textzeugnis dar, das Augsburg erwähnt und von Afra, die zu einer der wichtigsten Stadtheiligen werden sollte, berichtet.

Ihre Lebens- und Leidensgeschichte wurde erst ein Jahrhundert später verfaßt. Danach erscheint Afra als Dirne (das ist ein beliebtes Motiv mittelalterlicher Heiligenlegenden), die sich zu Christus bekehrt habe und deshalb auf einer Lechinsel verbrannt worden sei. Ob Afra wirklich gelebt und, wie manche glauben, im Verlauf der diokletianischen Christenverfolgungen um 304 den Märtyrertod erlitten hat, wissen wir nicht. Der Kult der Heiligen entwickelte sich jedenfalls um ein spätantikes Gräberfeld südlich der Römerstadt, westlich der *Via Claudia*, in der Gegend der heutigen Basilika St. Ulrich und Afra.

Daß die christliche Lehre schon um die Mitte des 4. Jahrhunderts in der rätischen Hauptstadt Anhänger fand, wird durch eine Glasschale – wohl aus Kölner Produktion – belegt, in die eine Darstellung Adams und Evas eingraviert ist. Das auf die Zeit um 340–355 zu datierende hochbedeutende Objekt wurde 2000 «hinter dem Schwalbeneck» am Südrand der Römerstadt gefunden. Ein weiteres frühes Dokument der Präsenz des Christentums in Augsburg ist eine mit einem Kreuz geschmückte bronzene Öllampe, die wohl aus der zweiten Hälfte des 4. Jahrhunderts stammt.

Im Reich der Franken

Zwischen Antike und Mittelalter

Über das Leben der Bewohner der Augusta nach dem Untergang des Weströmischen Reiches ist so gut wie nichts bekannt. Die wichtigste Quelle für die Verhältnisse im Voralpengebiet ist die um 511 niedergeschriebene Vita des hl. Severin, die allerdings nur die Verhältnisse im Grenzgebiet zu *Noricum*, also im heutigen Ostbayern, spiegelt. Doch läßt sich das düstere Bild wohl auch auf die Verhältnisse um Augsburg übertragen. Ihr Autor, Eugippius, berichtet von Armut, von Hungersnot und marodierenden Räuberbanden, von Mord, Plünderung und Geiselnahmen. Es empfahl sich, die Felder gemeinsam zu bestellen, da immer Überfälle drohten. Manche zogen sich in Refugien auf Bergen oder in unzugängliche Sumpfgegenden zurück; oder man suchte die Ruinen der römischen Siedlungen auf, besserte die Mauern aus, richtete sich mehr schlecht als recht ein. Innerhalb der nun viel zu großen Mauerringe dürfte oft Platz gewesen sein, auch noch Vieh zu weiden und ein wenig Land unter den Pflug zu nehmen.

Ungefähr so könnte es auch in der alten *Augusta* gewesen sein. Neuere Ausgrabungen ebendort, wo das rheinische Glas mit dem Bild der ersten Menschen gefunden wurde, lassen kaum einen Zweifel daran, daß die einstige Provinzhauptstadt niemals ganz verlassen wurde. Die spätesten römischen Funde reichen bis in die Mitte des 5. Jahrhunderts; dann kommen Spuren alamannisch-fränkischer Besiedlung. Unter dem Dom entdeckte man Gebäudereste, die zwischen das 4. und – vielleicht – das 7. Jahrhundert zu datieren sind. Ob hier in spätantiker Zeit bereits eine christliche Basilika mit einem Baptisterium, einer Taufanlage, errichtet wurde, ist unsicher.

Auch das Gräberfeld unter und um die Ulrichsbasilika läßt

Gürtelschnalle aus Bein mit Darstellung des Jonaswunders, 7. Jahrhundert. Gefunden in der Krypta von St. Ulrich und Afra.

Kontinuitäten von der Spätantike bis ins Mittelalter erkennen. Vielleicht wurde die hl. Afra (oder ihre literarische Konstruktion) zum «Magneten», der die Tradition zusammenhielt; *christliche* Bestattungen sind aber frühestens für die Merowingerzeit, für die erste Hälfte des 7. Jahrhunderts, nachweisbar. Jetzt suchten auch vornehme Leute die Nähe der Heiligen, um an ihrer Seite der Auferstehung zu harren, wie Ausgrabungen unter der Ulrichsbasilika zeigten. Einer der Toten trug neben Schwert und Streitaxt eine Gürtelschnalle aus Walfischbein, in die eine Darstellung des Jonaswunders geschnitten war. Außerdem wurden die Gräber von zwei Männern, die mit großer Wahrscheinlichkeit Kleriker waren, entdeckt. Die Grablegen befanden sich offenbar nicht unter freiem Himmel, sondern bereits in einer kleinen Kirche, vermutlich einem Memorialbau, der über dem Märtyrergrab errichtet worden war. Der Ort wurde in den folgenden Jahrhunderten zu einem weiteren Kristallisationszentrum der städtischen Entwicklung.

Augsburg zur Zeit der Merowinger

Weitreichende Schlüsse legte die Beobachtung, daß die Beigaben der «Vornehmen» auf Beziehungen zum fränkisch-burgundischen Kulturkreis verweisen, nahe. Die Förderung des Afrakultes könnte also mit der von den Merowingerkönigen jener Zeit forcierten Missionierung der östlichen Gebiete des Frankenreiches im Zusammenhang stehen. Strittig ist, ob Augsburg damals zum Bischofssitz gemacht wurde. Der Umstand, daß einer der beiden bei St. Ulrich bestatteten Kleriker einen Krummstab bei sich trug, ist kein sicherer Beweis; vielleicht bestand um das vermeintliche Grab der Märtyrerin eine eigenständige Klerikergemeinschaft als Keimzelle des späteren Klosters.

Daß von den Merowingern auch die Christianisierung des Augsburger Umlandes vorangetrieben wurde, läßt sich an kleinen Goldblattkreuzen ablesen, die sich in Reihengräberfeldern derselben Zeit fanden. Heidnische Bräuche blieben indes lange lebendig. Noch der heilige Columban erlebte, daß man dem Wodan opferte, als er das Bodenseegebiet missionierte.

Das Reich der Merowinger war im 5. und 6. Jahrhundert zur bedeutendsten Macht des Westens aufgestiegen. Das Schicksal der in Raetien siedelnden Alamannen hatte sich am Ende des 5. Jahrhunderts entschieden. Chlodwig, der Begründer der merowingischen Großmacht und durch seine Konversion zum katholischen Glauben eine Gestalt von welthistorischer Bedeutung, hatte die Expansion der Alamannen in zwei Kriegen gestoppt. Sie suchten zunächst Rückhalt bei den Ostgoten, die unter Theoderich dem Großen Italien beherrschten. Als die gotische Macht durch den Krieg mit Byzanz geschwächt wurde, um schließlich ganz unterzugehen, verloren die Alamannen diesen wohl ohnedies nie besonders starken Schutz. Sie wurden, ohne daß es zu weiteren kriegerischen Auseinandersetzungen kam, in die Organisation des merowingischen Reiches eingegliedert. Die Grabbeigaben, die um St. Ulrich gefunden wurden, sind offensichtlich Dokumente dieses Integrationsprozesses.

Auf der anderen Seite des Lech wird seit der Mitte des 6. Jahrhunderts der bayerische Dukat, das Herzogtum der Bajuwaren, faßbar. Sie werden den Bewohnern der *Augusta* fortan nicht immer ganz geheure Nachbarn sein. Die exponierte Randlage des Dukats begründete seine Bedeutung für das Reich und begünstigte zugleich sein politisches Eigengewicht. Die bayerischen Herzöge aus dem Geschlecht der Agilolfinger wurden zu Gegenspielern der merowingischen Herrscher, deren Macht seit dem letzten Drittel des 7. Jahrhunderts in einem Chaos von Thronkämpfen und Adelskonflikten dahinschwand.

Die Anfänge der Bischofsstadt

Augsburger Quellen berichten von diesen Vorgängen ebensowenig wie vom Aufstieg der Nachfolger des merowingischen Hauses oder vom Imperium Karls des Großen. Die spärliche Überlieferung gibt allein Hinweise auf die kirchlichen Angelegenheiten. Das ist kein Zufall; die Kirche war über alle Umbrüche hinweg die für das Fortleben kultureller Traditionen der Spätantike wichtigste Institution.

Der Bischof erscheint dabei als Zentralfigur. Er ist nicht nur geistliches Haupt, sondern übt auch die unterschiedlichsten politischen und administrativen Funktionen aus; er entscheidet über die Verwendung der ökonomischen Ressourcen. Kurz, er ist in seinem Herrschaftsgebiet eine Art König. Ob die Augsbur-

Anbetung der Könige. Evangeliar des frühen 9. Jahrhunderts, wohl aus der Bibliothek Bischof Hantos von Augsburg.

ger Verhältnisse diesem Muster entsprachen, ist unbekannt. Daß die überragende Stellung, welche die Bischöfe der *Augusta* erlangen sollten, ihre Anfänge in jener Epoche hatten, ist aber kaum zweifelhaft. In den Wirren der späten Merowingerzeit war es nur natürlich, daß dem Episkopat die Funktionen einer Ordnungsmacht zuwuchsen. Zur Zeit Karls des Großen und seiner Nachfolger traten Augsburgs Bischöfe als Sachwalter königlicher Interessen noch deutlicher in den Vordergrund.

Der erste Bischof, dessen Existenz mit einiger Sicherheit nicht allein dem Bedürfnis nach Erfindung von Tradition entspringt, dürfte ein gewisser Wikterp gewesen sein, der um 738 den Bischofsthron bestieg und vor 772 starb. Er wird in einem Brief Papst Gregors III. an Bonifatius erwähnt, in dem die *civitas Augusta* als möglicher Ort einer Synode genannt wird. Indes geben die Quellen erst über Wikterps zweiten Nachfolger Sintpert (um 778–ca. 807), der später zu einem der drei Augsburger Stadtheiligen erhoben wurde, nähere Aufschlüsse. Seine Karriere wurde durch Karl den Großen, mit dem er verwandt gewesen zu sein scheint, gefördert. Sintpert scheint eine kraftvolle Persönlichkeit und ein politischer Kopf gewesen zu sein. Der Bischof gilt als Reorganisator des durch Kriege mitgenommenen Bistums, das er seinen Nachfolgern bedeutend vergrößert und politisch gestärkt hinterließ. Er weihte 807 eine der Muttergottes geweihte Domkirche; der karolingische Bau ist Vorgänger des heutigen Domes. Die Kirche wurde von einer Klerikergemeinschaft verwaltet, aus der sich das Domkapitel entwickelte. Der Bischof selbst ließ sich indes noch in der Nähe der Afra-Memorie in einem spätrömischen Sarkophag bestatten. Vermutlich war er es auch, der hier eine Kapelle aufmauern ließ, die später dem heiligen Godehard geweiht wurde.

Im Dom hatte die frühmittelalterliche Stadt ihr Zentrum gefunden. Sie erstreckte sich nur über etwa ein Drittel der Fläche der ehemaligen Römerstadt: ein Hinweis auf den Kulturbruch, den die Völkerwanderungszeit bedeutet hatte. Im Süden wurde das Areal von der konstantinischen Stadtmauer geschützt, im Norden hatten die Bewohner eine einfache Grabenumwehrung gezogen.

Zwar liegt wieder Dunkel über dem Dasein der Augsburger jener Tage. Dafür läßt ein einzigartiger Text, der um 814 vielleicht in einem Augsburger (oder Regensburger) Skriptorium von einer älteren Vorlage kopiert wurde, Spuren der religiösen Mentalität erkennen: das «Wessobrunner Gebet», das wahrscheinlich älteste Stück christlicher Stabreimpoesie in deutscher Sprache, das noch in die Frühzeit der Christianisierung zurückweist. Es erzählt vom Chaos, das der Schöpfung vorausging; allein der «eine allmächtige Gott», «*der eino almahtico cot*», war, vor allen anderen Wesen. Er sollte Glaubensstärke verleihen und Widerstandskraft gegen den Teufel, «*craft tiuflun za uuidarstanranne*».

Den hohen Stand, den die Buchmalerei im karolingischen Augsburg erreicht hatte, dokumentiert ein Evangeliar aus dem Besitz von Bischof Sintperts Nachfolger Hanto (809–814). Der Miniaturist fertigte in antikisierendem Stil Szenen aus dem Leben Christi und liturgische Darstellungen, und er bediente sich kostbarster Materialien. Gold, Silber und Purpur seiner Malerei erscheinen wie ein letzter Abglanz der antiken *Aelia Augusta*.

Augsburgs Bischöfe und das Königtum

Obwohl das frühmittelalterliche Augsburg nach heutigen Begriffen nur die Größe eines besseren Dorfes hatte, deutet sich schon jetzt die bedeutende Stellung an, welche die Stadt in der Reichspolitik einmal einnehmen würde: Sie war Konsequenz ihrer Lage an der alten Heerstraße nach Italien, der *Via Claudia*, zugleich ihrer strategisch wichtigen Position in unmittelbarer Nähe Bayerns. Auf dem Lechfeld, unweit der *civitas Augusta*, erzwang Karl der Große im Spätsommer 787 von Tassilo III., dem aufsässigen Agilolfingerherzog, den Vasalleneid. Tassilo erhielt zwar seinen Dukat im Gegenzug nochmals zu Lehen, doch war sein Sturz besiegelt, als er es im Jahr darauf erneut wagte, Karl herauszufordern.

Die Stadt wurde in den folgenden Jahren immer wieder von Kaisern und Königen besucht, und sie wurde zur Kulisse wichtiger politischer Ereignisse. So unterwarf sich Ludwig II., «der Deutsche», seinem Vater, Ludwig dem Frommen, im Mai 832 in, wie es in der Quelle heißt, *Augustburg super Lech* – der deutsche Stadtname drängt sich allmählich neben die lateinische Bezeichnung; zum ersten Mal scheint er, als «*Augusburuc*», 826 faßbar zu werden.

Die Bindung Augsburgs an das Königtum fand ihren Ausdruck auch in den folgenden Jahrzehnten durch die Präsenz seiner Bischöfe in der Umgebung der Herrscher. Ein Kanzler Ludwigs, Witgar, wurde um 861 Bischof von Augsburg; nach Ludwigs Tod (876) wurde Witgar von dessen Sohn, dem unfähigen Karl III., «dem Dicken», zum Kapellan bestellt. Als Chef der königlichen Kanzlei hatte er nun eine politische Schlüsselstellung inne. Auch Witgars Nachfolger Adalpero (887–909), ein hochgebildeter Mann adeliger Abstammung, wird in den Quellen als Berater des ostfränkischen Herrschers Arnulf (877–899) und damit als wichtiger Akteur der Reichspolitik faßbar. Adalpero muß ein direkter Augenzeuge des Niedergangs der karolingischen Macht gewesen sein. Er wurde als Erzieher von Arnulfs unmündigem Sohn bestellt und konnte die Machtkämpfe am Hof aus nächster Nähe verfolgen.

Die Clique um Ludwig IV., «das Kind», sah sich bald mit einer Herausforderung konfrontiert, die auch einen machtvollen Herrscher aufs äußerste gefordert hätte. Seit der Jahrhundertwende drangen scheinbar unaufhaltsam Scharen von Reiterkriegern nach Ostfranken vor: die Ungarn. Von der Wolga her waren sie bis in den Donauraum, in die ehemalige Provinz Pannonien, gelangt, fielen dann unter ihrem Horka («Unterfürsten») Bulcsu plündernd in Oberitalien ein. Bald bedrohten sie Bayern und das Land jenseits des Lech. Im Sommer 907 wurde ein bayerisches Aufgebot bei Preßburg vernichtend geschlagen, drei Jahre später erging es einem Heer unter Führung des Königs Ludwig, das sich den Ungarn auf dem Lechfeld bei Augsburg entgegenstellte, nicht besser. Schon damals oder etwas später wurde die Stadt von ungarischen Reitern eingenommen und teilweise zerstört; auch Sintperts Dom wurde in Mitleidenschaft gezogen.

Als Ludwig IV., der letzte ostfränkische Karolinger, starb, war das *regnum* nicht nur von Ungarn, Normannen und anderen äußeren Feinden bedroht; im Innern sahen sich die Könige – erst der Franke Konrad, dann der Sachse Heinrich – den mächtigen Stammesherzögen gegenüber, die während der Zeit des Niedergangs der karolingischen Macht zu beherrschenden Akteuren im Machtspiel geworden waren.

Die Stadt des Bischofs

Bischof Ulrich von Augsburg

Augsburg war damals Grenzort in zweifacher Hinsicht: Vorposten des Christentums gegenüber den heidnischen Ungarn und zugleich Stützpunkt der königlichen Herrschaft zwischen Bayern und Schwaben. Diese prekäre Lage war indes Voraussetzung für einen großen historischen Auftritt, die Schlacht auf dem Lechfeld, die größte Bataille der Epoche. Ganz unvermittelt, am Ende von Augsburgs quellenarmem ersten Jahrtausend, fällt nun helles Licht auf die Ereignisse und einige der handelnden Personen.

Im Vordergrund steht der um 890 geborene Bischof Udalrich oder Ulrich. Sein «Kanzleichef» Gerhard, ein Augsburger Dompropst, verfaßte nach seinem Tod eine Biographie, die zwar vor allem Plädoyer für die Kanonisation der Hauptfigur ist, aber doch einige individuelle Züge ahnen läßt. Ulrich scheint ein hochgebildeter, ehrgeiziger und mutiger Mann gewesen zu sein. Er entstammte einer Adelssippe, die mit dem schwäbischen Herzogshaus verwandt war. Bischof Adalpero hatte er als Kämmerer gedient; nach dessen Tod wurde er zu seinem Ärger bei der Wahl eines Nachfolgers übergangen. Als dieser – Bischof Hiltine (909–923) – starb, war die Reihe an Ulrich. Seine Wahl dürfte durch die Bestrebungen König Heinrichs I. begünstigt worden sein, mit den Stammesherzögen einen Ausgleich zu finden. Heinrich soll jedenfalls einer «Bitte» Herzogs Burchards von Schwaben gefolgt sein, als er Ulrich auf dem Augsburger Bischofsthron installierte. Der Bischof hielt seinerseits dem Königtum auch in schwierigen Situationen die Treue. Eine seiner ersten Initiativen war der Ausbau der Stadtbefestigung. Sie hielt stand, als ungarische Reiter 926 erneut vor Augsburg erschienen. Danach aber kehrte für längere Zeit Ruhe ein.

Bischof Ulrich von Augsburg zwischen den Äbten Berno von Reichenau und Friedebold von St. Afra. Aus der Ulrichsvita Bernos, 1020/30.

Auch König Heinrich hatte nämlich energische Maßnahmen ergriffen. Er machte sich an den Aufbau einer beweglichen Reitertruppe und ließ die Grenzen durch die Anlage von Burgen und die Verstärkung vorhandener Befestigungen sichern; außerdem wurden Marken eingerichtet, ein militärisch gesichertes, ausgedehntes Glacis. So wurde bald die Wendung zur militärischen Offensive gegen die Ungarn möglich. Ein Sieg, den Heinrich 933 bei Riade, einem nicht näher bestimmbaren Ort (wohl an der Unstrut) erfocht, stärkte sein Prestige. Doch entkam die ungarische Hauptmacht; in der folgenden Zeit stießen immer wieder Reiterhaufen ins Reichsgebiet vor – zumal dann, wenn die Königsmacht mit der Bewältigung innerer Konflikte beschäftigt war. Genau diese Situation trat in den Jahren 953 und 954 ein.

König Otto, der seit 936 seinem Vater Heinrich nachgefolgt war, sah sich einer Fronde von Stammesherzögen gegenüber, Mitgliedern seiner eigenen Familie: seinem Sohn Liudolf, der das Herzogtum Schwaben innehatte, und seinem Schwiegersohn Konrad, «dem Roten», Herzog von Lothringen. 953 kam es zum offenen Krieg. Die Lage wurde bedrohlich, als die Ungarn die Gunst der Stunde nutzten und in Bayern und Schwaben einfielen. Liudolf und seine Kollegen stellten sofort Verbindung mit den Reiterkriegern her, in der Hoffnung, Otto einen Mehrfrontenkrieg aufzwingen zu können. Ulrich von Augsburg hielt entschieden zum König; Liudolfs Anhänger überfielen deshalb die Bischofsstadt, plünderten sie und nahmen Geiseln.

Die Allianz mit den heidnischen Reichsfeinden erwies sich indes als schwerer taktischer Fehler. Sie diskreditierte die Putschisten, ihre Anhänger liefen in Scharen zum König über. Das Blatt wendete sich zugunsten Ottos, auch Augsburg fiel wieder in die Hände der Königlichen. Noch im Dezember 954 mußten sich die Gegner unterwerfen. Die Situation war somit bereinigt, als im Frühsommer 955 erneut ungarische Haufen in Süddeutschland auftauchten. Ihren Anführern mag entgangen sein, daß die Lage sich stabilisiert hatte. Mordend und plündernd durchzogen sie Bayern; das Hauptheer, eine gewaltige, sicher nach Tausenden zählende Streitmacht, rückte gegen Augsburg vor. Rechts des Lech, bei einer Anhöhe namens Gunzenlee, richteten die Ungarn ihr Heerlager ein; von dort aus verwüsteten Streiftrupps das Land. Die Afrakirche vor den Mauern der Stadt und andere außerhalb der Bischofsburg gelegene Kirchen und Häuser gingen in Flammen auf.

Der Bischof und sein Bruder, Graf Dietbald, hatten die Stadt, so gut es ging, in Verteidigungsbereitschaft versetzt. Auf hölzernen Türmen waren Bogenschützen und Späher postiert; man kann sich vorstellen, mit welchen Gefühlen die Verteidiger auf die gewaltigen Heerhaufen unter den Mauern der Burg blickten. Am 8. August berannten die Ungarn das Osttor. Es kam zum erbitterten Kampf Mann gegen Mann; Ulrich soll sich nach Gerhards Bericht ohne Rüstung, bewehrt nur mit der Stola, dem Zeichen seiner bischöflichen Würde, unter die Verteidiger gemischt und ihnen im Hagel von Wurfgeschossen und Pfeilen Mut zugesprochen haben. Wahrscheinlicher ist, daß der kriegerische Herr Seite an Seite mit seinen Rittern gekämpft hat. Der Angriff brach in sich zusammen, als einer der ungarischen Anführer tödlich getroffen wurde.

In der Nacht müssen Ulrichs Leute fieberhaft Palisaden ausgebessert und Wälle aufgeschüttet haben; innerhalb der Mauern ließ der Bischof Bittprozessionen veranstalten. Im Dom flehte man die Muttergottes um Hilfe an. Im Morgengrauen versammelten sich die Ritter zur Messe und nahmen die Kommunion zu sich; sie erwarteten den Feind in der Gewißheit, einen heiligen Krieg zu führen.

Mit dem ersten Sonnenlicht setzten die Ungarn zum Sturm an. Gerhard erzählt, daß ihre Anführer die Mannschaften mit Peitschenhieben gegen die Bollwerke zu treiben versuchten, drohend näherten sich Belagerungsstürme den Mauern der Bischofsburg. In dieser kritischen Lage erreichte die Ungarn die Nachricht, daß ein Reichsheer von Westen her im Anmarsch auf Augsburg war. Ihre Heeresversammlung beschloß, erst dem König entgegenzutreten.

Die Schlacht auf dem Lechfeld

Graf Dietbald brach offenbar noch in der Nacht mit allen verfügbaren Kriegern aus der Stadt aus und führte sie dem Entsatzheer zu. Am Morgen des 10. August, «*als der Lichtschein der strahlenden Sonne gerade die ganze Weite des Erdkreises überstrahlte*», wie Gerhard schreibt, drang Ottos Streitmacht in Richtung Lech vor. Es mag ein Heer von 5000–6000 Panzerreitern gewesen sein. Der König selbst führte das Zentrum, den fünften und stärksten Heerhaufen; er ritt hinter dem Feldzeichen, auf dem Name und Bild des Erzengels Michael gestickt waren.

Die Dinge standen auf des Messers Schneide, als ungarische Reiter, die das Heer umgangen hatten, überraschend die Einheiten am Ende des Zuges angriffen. Sie eroberten den Troß, im Pfeilhagel mußten Böhmen und Schwaben zurückweichen. Nach dem Chronisten Widukind von Corvey gelang es Konrad von Lothringen und den fränkischen Truppen, die Situation zu bereinigen. Den Gegenangriff soll dann Otto selbst geführt haben. In hartem Kampf gelang es, die ungarischen Formationen zu zersprengen.

Die Niederlage war vernichtend. An Augsburg vorbei strömten die Geschlagenen in solcher Masse, daß die Verteidiger einen Moment glaubten, ein neuer Angriff stehe bevor. Die deutschen Heerhaufen setzten nach, viele der Fliehenden wurden erschlagen, einzelne Trupps wurden von Ottos Reitern oder den Besatzungen verstreuter Schutzburgen niedergemacht.

Vielleicht kam es zwei Tage darauf nochmals zu einem Gefecht, in dem die Reste der ungarischen Streitmacht aufgerieben wurden. Die Anführer, derer man habhaft werden konnte, wurden, so berichtet Widukind von Corvey, nach Regensburg gebracht und dort gehenkt; damit empfingen sie eine ihren Taten entsprechende Strafe. Die unbarmherzigen Sieger handelten als Werkzeug göttlicher Gerechtigkeit.

Das Treffen auf dem Lechfeld war eine wirkliche Entscheidungsschlacht. Der Sieg am Laurentiustag des Jahres 955 wurde schon von den Zeitgenossen als epochaler Einschnitt empfun-

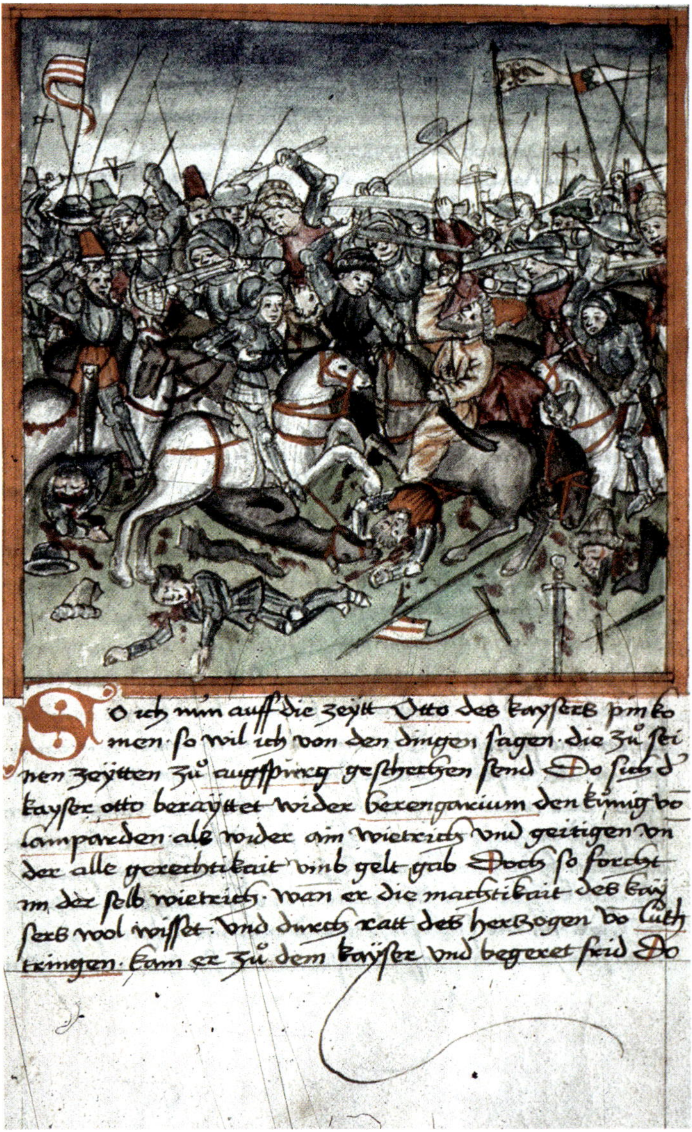

So ich nun auff die zeytt Otto des kaysers pin komen so wil ich von den dingen sagen die zu seinen zeytten zu augspurg geschehen send Do sich der kayser otto berayttet wider berengarium den künig von lamparden als wider ain wietrich und geitigen von der alle gerechtikait umb gelt gab Doch so forcht im der selb wietrich wan er die machtikait des kaysers wol wisset und durch ratt des herzogen von luthringen kam er zu dem kaysser und begeret fried Do

Die Schlacht auf dem Lechfeld. Aus Hector Muelichs Abschrift der Chronik des Sigismund Meisterlin, 1457.

den. Seine Bedeutung liegt zunächst darin, daß die ungarische Bedrohung, die das Reich ein halbes Jahrhundert in Angst und Schrecken versetzt hatte, mit einem Schlag beseitigt war. Die Ungarn wurden in der folgenden Zeit christianisiert, sie blieben in der Donau-Theiß-Ebene seßhaft. Außerdem trug der Sieg dazu bei, Otto den Weg zum Kaisertum zu bahnen. Ausgangspunkt der Reise nach Rom, wo ihn Papst Johannes XII. krönte, war – wie bei vielen Heerfahrten zuvor und später – Augsburg. Als Otto 973 starb, galt er als erster Herrscher Europas; bereits seine Zeit nannte ihn «den Großen». Im selben Jahr segnete auch sein Verbündeter Bischof Ulrich hochbetagt das Zeitliche. Er wurde bald als Heiliger verehrt.

Die Bischofsstadt um die Jahrtausendwende

Die Ulrichsvita Propst Gerhards gibt beiläufig zahlreiche Hinweise zur Topographie der Bischofsstadt. Wir erfahren daraus, daß St. Afra inzwischen zu einer bedeutenden Kultstätte geworden war; sie wurde von einer kleinen Gruppe von Klerikern betreut. Ulrich hatte die Kirche nach den Zerstörungen von 955 größer und schöner wiederherrichten lassen. Um 1000, wahrscheinlich 1006, ließen sich Benediktinermönche hier nieder. Von St. Afra aus führte eine Straße, ungefähr der Richtung der Via Claudia folgend, nach Norden, zur ummauerten Bischofsstadt. Der Vita läßt sich entnehmen, daß Ulrich sie als Prozessionsweg benutzte. Sie wurde zum «Rückgrat» der Stadt. Mit der Zeit bildeten sich Ansiedlungen an ihren Flanken heraus, Häuser aus Lehmfachwerk und Holz. Ihr Zentrum hatte sie in einer kleinen Erhebung, die man *Perleich* nannte; die Bezeichnung wandelte sich zum heutigen «Perlach». Vielleicht befand sich hier der Markt, von dem eine Quelle von 1030 berichtet. Ebenfalls außerhalb der ummauerten Bischofsstadt gründete Ulrich bei einer dem heiligen Stephan geweihten Kirche ein Kanonissenstift, das der Leitung einer vornehmen Dame namens Ellensind unterstellt und reich mit Gütern ausgestattet wurde; Ellensind wurde in dem um 900 errichteten benachbarten Galluskirchlein bestattet.

In der Bischofsstadt selbst wurde gleich nach dem Ungarnsieg südlich des Domes eine Taufkirche errichtet. Im *Tuomus* ließ der Bischof eine Krypta bauen; die Dombibliothek muß zu den bedeutendsten ihrer Zeit gezählt haben. Außerdem erwähnt Gerhard ein Armenhospiz (*hospiciolum pauperum*) und eine Ambrosiuskirche. Der Bischof selbst lebte in seiner «Pfalz», dem Palast, unweit des Domes. Er muß über einigen Komfort verfügt haben. Gerhard berichtet von festlichen Gastmählern während der Osterzeit, von Musikern, die zur Tafel aufspielten; auch ein Bad stand zur Verfügung. Hier, im repräsentativsten Gebäude der Stadt, dürften die Könige und Kaiser, wenn sie in Augsburg weilten, gewohnt haben. Spuren einer Königspfalz ließen sich bisher nicht nachweisen.

Das unmittelbarste Zeugnis für den Glanz, den zu entfalten der bischöfliche Hof in der Lage war, sind die liturgischen Gewänder, die in einem Grab unter der Ulrichsbasilika entdeckt wurden. Es sind kostbarste Importe aus Byzanz: Eines davon, eine Kasel, ist aus gelbgrüner Seide; auch eine Dalmatic aus violetter Seide und Goldbrokat und eine seidene Manipel wurden gefunden. Die Reliquien könnten illustrieren, was Gerhard meint, wenn er über eine Meßfeier schreibt, der Bischof sei nach seiner Weise «aufs herrlichste» gekleidet gewesen.

Er stand natürlich an der Spitze der Augsburger Gesellschaft, hoch über den anderen sozialen Gruppen, die in der Ulrichsvita greifbar werden. Sie nennt die *familia* des Bischofs, zu der Lehensleute, Zensualen und Leibeigene zählten; weiterhin führt sie adelige bischöfliche und königliche Vasallen und Ritter – *milites* – auf. Mit dem zukunftsträchtigen Begriff *cives* sind wohl ganz allgemein Einwohner gemeint, sicher nicht «Bürger» im modernen Sinn des Wortes.

Bischöfe als Stützen der Königsmacht

Um ein Gegengewicht gegen die Macht der Stammesherzöge zu schaffen, hatte sich Kaiser Otto in zunehmendem Maß auf die Reichskirche gestützt. Durch Schenkungen und Privilegien wurden Bischöfe und Äbte der Krone verpflichtet. Bischofspfalzen und Klöster versorgten den Herrscher und sein Gefolge auf ihren Reisen durch das Reich, außerdem stellten sie bedeutende Truppenkontingente, wenn das Reichsheer aufgeboten wurde. Schon in dem vor Augsburg kämpfenden Ulrich, dem typischen ottonischen Reichsbischof, verdichtete sich diese politische Strategie.

Ottos Nachfolger führten diese Politik fort. Schon beim Tod Ulrichs hatte sich indes die entscheidende Schwachstelle des Systems gezeigt. Das Bistum fiel an Heinrich, einen Enkel Herzog Arnulfs von Bayern, der sich prompt an einer Erhebung gegen den Nachfolger Ottos des Großen, Otto II., beteiligte. Der König behauptete sich, Heinrich mußte sich unterwerfen und suchte in der folgenden Zeit die Nähe zum Herrscher. Wenn er dessen Heer 981 hundert Panzerreiter zu stellen hatte, belegt das die Bedeutung des Bistums und seine wirtschaftliche Kraft, denn das Augsburger Kontingent zählte zu den drei größten, es kam den Aufgeboten von Mainz und Straßburg gleich. Schon zur Karolingerzeit bezog der Bischof Einkünfte aus 1500 Bauernhöfen, im 10. und 11. Jahrhundert vergrößerte sich der Besitz beträchtlich. Noch von Otto I. erhielt der Augsburger Bischof das Münzrecht: Die älteste Augsburger Münze – eine Gemeinschaftsprägung Bischof Ulrichs mit Heinrich I. von Bayern – wurde 954 geschlagen. Außerdem wurde dem Bischof die Gerichtsbarkeit übertragen. Sie war Quelle von Macht und vor allem von beträchtlichen Einkünften.

Von besonderer Bedeutung war die Verleihung des Forstbannes über ein riesiges Gebiet im Süden der Stadt längs der alten Heerstraße. Von hier aus war die Verbindung nach Italien zu beherrschen; das Land wurde zum Kern des späteren Hochstifts Augsburg. Wohl schon in ottonischer Zeit besaß der Bischof die hohe Gerichtsbarkeit. Er übte sie über einen *advocatus*, einen Vogt, aus; als Kleriker konnte er sie nicht persönlich wahrnehmen. Gewöhnlich wurden lokale Adelige mit dem Amt betraut.

Unter den Nachfolgern Ulrichs ragt Bruno (1006–1029) hervor. Bruno war ein Bruder Kaiser Heinrichs II., der nach dem frühen Tod Ottos III. die Kaiserkrone an sich gebracht hatte. Er leitete bis zu seiner Ernennung die kaiserliche Kanzlei. Besonders eng gestaltete sich seine Beziehung zu Konrad II. Der Salierherrscher gab ihm seinen Sohn Heinrich, den späteren Heinrich III., in Obhut, als er 1026 von Augsburg aus zur Kaiserkrönung aufbrach.

Im selben Jahr erfuhr die Augsburger Stadtgeschichte einen schweren Verlust. Einige schwäbische Adelige hatten die Abwesenheit des Herrschers und des Bischofs, der zu einer Synode nach Seligenstadt aufgebrochen war, genutzt und seine Stadt überfallen – offenbar in der Absicht, den Königssohn in ihre Gewalt zu bringen. Das gelang den Verschwörern zwar nicht, doch fiel ihnen die bischöfliche Schatzkammer in die Hände. Auch die Dombibliothek und das Archiv scheinen geplündert oder zerstört worden zu sein. Damit war eine jahrhundertealte Überlieferung für immer vernichtet.

Die Bindung des Bischofs an die Krone blieb unter Brunos Nachfolgern erhalten. Bischof Heinrich II. (1047–1063) fungierte als Kapellan Kaiser Heinrichs III.; als Vormund des späteren Kaisers Heinrich IV. und Berater der Kaiserinwitwe Agnes gewann er bedeutenden Einfluß.

«Investiturstreit»

In der Zeit der salischen Kaiser war Augsburg eine der Städte, in denen «das Reich» gewissermaßen Leben gewann, konkret wurde. Die Kaiser und Könige fanden sich häufig hier ein, sammelten ihre Heere, hielten Hoftage ab; allein für Heinrich IV. sind 14 Aufenthalte dokumentiert. Den Vorteilen, welche die Bischöfe aus der Allianz mit dem Kaisertum zogen, stand indes der Nachteil gegenüber, daß Bistum und Stadt immer wieder in die Auseinandersetzungen der großen Politik verwickelt wurden. Gefahr drohte vor allem von den süddeutschen Herzögen. Insbesondere die Bayern warfen nach wie vor begehrliche Blicke auf die Stadt jenseits des Lech und nutzten jede Gelegenheit, den Augsburgern das Leben schwerzumachen.

Gelegenheit zur Einmischung bot bald jene Auseinandersetzung zwischen den beiden obersten Gewalten der Christenheit, die unter dem Namen «Investiturstreit» bekannt ist. Es ging in diesem epochalen Konflikt nicht allein um die Trennung von politischer und spiritueller Gewalt und um die Rangordnung von *regnum* und *sacerdotium*; die Frage, wer das Recht haben sollte, den Papst zu wählen und Bischöfe oder Äbte einzusetzen, war schon angesichts der Herrschaftsorganisation im Reich von größter Brisanz. Die weltlichen Fürsten mischten sich mit Eifer in den Konflikt, da er ihnen die Chance bot, ihre eigene Macht zu vergrößern. Augsburg wurde sofort zu einem der Schauplätze des historischen Dramas. Denn auch sein Bischof, inzwischen Embrico (1063–1077), königstreu, wie es in der Lechstadt Tradition war, hatte sich gegen Papst Gregor VII. gestellt; Embrico war unter den Begleitern Heinrichs IV., als der König Ende Januar 1077 vor der oberitalienischen Burg Canossa Kirchenbuße tat und die Lösung vom päpstlichen Bann erreichte.

Ungeachtet dessen hatten einige seiner Gegner noch im März einen Schwager Heinrichs IV., den schwäbischen Herzog Rudolf von Rheinfelden, zum Gegenkönig erhoben. Embrico weigerte sich zunächst, Rudolf anzuerkennen und ihn in Augsburg zu empfangen. Nur unter Zwang leistete er Rudolf den Treueid; noch kurz vor seinem Tod finden wir ihn in der Umgebung Heinrichs IV.

Nun erhob eine Fraktion der Augsburger Kanoniker nach Embricos Tod einen Gegenkandidaten namens Wigolt zum Bischof; Heinrich IV. stellte ihm mit seinem Kapellan Siegfried einen königstreuen Oberhirten entgegen. Er übertrug ihm die Güter des bayerischen Herzogs Welf, den er – als Alliierten Rudolfs von Rheinfelden – abgesetzt hatte. Außerdem besetzte er in der folgenden Zeit die Bistümer Chur und Trient, ja selbst den Erzstuhl von Aquileia mit Augsburger Domkanonikern.

Siegfried II., der von «seinen» Kanonikern und auch der offenbar mehrheitlich königstreuen Bürgerschaft unterstützt wurde, sah sich einer Opposition um den Gegenbischof Wigolt gegenüber. Der gregorianische Bischof konnte zwar vertrieben werden; doch fand er in Welf von Bayern einen Verbündeten, der nur allzugern dazu bereit war, an den Königlichen Revanche zu nehmen. Augsburgs Vororte wurden 1080 und 1081 – in diesem Jahr belagerte der Gegenkönig Hermann von Salm die Stadt – verwüstet; drei Jahre später konnten sich welfische Bewaffnete, nach Aussage der *annales augustani* durch Verrat, Einlaß in die ummauerte Bischofsburg verschaffen und Wigolt auf dem Thron St. Ulrichs installieren. Siegfried konnte in letzter Stunde entkommen. Heinrich IV. eroberte die Stadt zwar noch im selben Jahr zurück. 1088 aber, in einer mondhellen Aprilnacht («*nocte satis splendida*», sagen die Annalen), eroberten die Welfischen Augsburg erneut. Frieden kehrte erst ein halbes Jahrzehnt später ein, nachdem der Kaiser sich mit Welf I. versöhnt und diesen erneut mit Bayern belehnt hatte. Der

Kampf um die Kirchenreform setzte sich zunächst auf lokaler Ebene fort; der neue Bischof Hermann (1096–1133), von seinen Gegnern als «bucklig und einäugig» verspottet, galt als Günstling Heinrichs IV. und sah sich bald in heftige Auseinandersetzungen mit seinem eigenen Domkapitel und mit Abt Egino von St. Afra verwickelt.

Der «Investiturstreit» wurde 1122 mit dem Wormser Konkordat fürs erste liquidiert. Erst jetzt konnte sich auch Bischof Hermann allgemein Anerkennung verschaffen. Doch erwies sich der Frieden als brüchig; schon bald wurde Augsburg in den staufisch-welfischen Gegensatz hineingezogen. Der Name «Welf» blieb für die Augsburger noch lange ein Schreckenswort.

DIE STADT DER STAUFER

Wirtschaft und Kultur im 11. und 12. Jahrhundert

Die Epoche des «Investiturstreits» erlebte nicht nur politische Umbrüche und tiefgreifenden geistigen Wandel. Sie war von mächigen demographischen Veränderungen geprägt: Es scheint, daß die Bevölkerung in weiten Teilen Europas zunahm. Technische Neuerungen in der Landwirtschaft – wie Egge oder Räderpflug – zeigen, daß die Menschen ihre ganze Findigkeit daransetzten, der Erde das Korn und andere Früchte abzuringen. Dazu erlaubte es das System der Dreifelderwirtschaft, den Boden wesentlich besser zu nutzen. So konnten immer mehr Menschen ernährt werden; umgekehrt drängte die Entwicklung auf weitere Verbesserungen. Und sie hielt dazu an, neues Land zu erschließen. In der zweiten Hälfte des 11. Jahrhunderts gewann dieser Prozeß an Dynamik: Bis zur Zeit um 1200 häufen sich Hinweise auf Rodungen. Auch Augsburg und sein Umland erlebte diese Entwicklungen. Seit der Jahrtausendwende werden neue Ortsnamen in den Quellen greifbar: *Chrechesaver* (das heutige Kriegshaber) und *Pherresee* (Pfersee), die auf ältere Besiedlung zurückgehen; außerdem *Perga* (Stadtbergen) und *Liutericheshoven*, das später Leitershofen hieß. Im Süden begegnet 1071 zum ersten Mal der Ortsname *Inningen*, im folgenden Jahrhundert kommt *Percheim*, Bergheim, hinzu.

Allmählich drang außerdem die Geldwirtschaft vor. Münzfunde zeigen, daß Augsburg, das Ekkehard von Aura am Anfang des 12. Jahrhunderts als *metropolis Sueviae* rühmt, eine immer bedeutendere Rolle für die Versorgung der Region mit Handwerksprodukten spielte. Die Fernhändler, die unter königlichem Schutz standen, aber auch dem Bischof Abgaben leisteten, ließen sich wahrscheinlich an der Straße nach St. Afra und am Perlach nieder.

Immer mehr Menschen – das waren immer mehr Seelen, die

Das Bronzeportal des Augsburger Domes, 1. Hälfte des 11. Jahrhunderts.

Kentaur. Bronzeplatte am Portal des Augsburger Domes.

Heiligtümer brauchten, und es waren mehr Steuerzahler, die Mittel für «kulturelle Investitionen» erwirtschafteten. So wurden im ganzen Abendland Kirchen errichtet – nicht nur einfache Holzbauten, sondern Gebäude aus Stein. «Man hätte sagen können, daß die Welt selbst sich schüttle, um ihre Baufälligkeit abzustreifen und sich überall mit einem weißen Mantel von Kirchen bedeckte», schreibt Rudolphus Glaber. Auch Augsburg, um den Chronisten zu paraphrasieren, bekränzte sich mit weißen Kirchen. Die Stadt muß damals eine Baustelle gewesen sein. Während eines Hoftages weihte Papst Leo IX. das neuerrichtete Galluskirchlein, 1065 vollzog der «Baubischof» Embrico die Weihe des erheblich vergrößerten Domes. Zur selben Zeit ließ er über den Gräbern Ulrichs und der heiligen Afra eine große Kirche errichten. Am heutigen Kesselmarkt entstand St. Martin; um 1067 wurde am *Perleich* neben dem Stadtturm das Stift St. Peter gegründet, vier Jahre darauf das Stift St. Gertrud. 1084 dann erhielt das schon von Bischof Bruno an der Straße zwischen St. Afra und dem Perlach gegründete St. Moritz-Stift eine Kirche. Damit deuten sich die Umrisse der künftigen Pfarrorganisation Augsburgs an.

Die Daten sprechen für sich. Die Konjunktur konzentrierte sich auf die Zeit zwischen der Mitte des 11. Jahrhunderts und der Eskalation des «Investiturstreits». In dieselbe Chronologie fügen sich einige Ausstattungsstücke. Die mit Löwenköpfen und 25 Tafeln aus Bronzeguß versehenen Pforten des Domes – sie bildeten ursprünglich wohl das Ostportal der Anlage Bischof Embricos – zählen zu den bedeutendsten Werken der mittelalterlichen Kunst nördlich der Alpen. Die Darstellungen verweisen auf italienische Vorbilder; großes Thema ist der Kampf zwischen Gut und Böse, das Ringen um Erlösung. Wann die berühmten Portale geschaffen wurden, ist umstritten; die Forschung nimmt an, daß die meisten Teile vor 1065 entstanden sind.

Von größter Bedeutung sind die Prophetenfenster, die ursprünglich in die Hochwand des Mittelschiffes eingelassen waren. Um 1100, vielleicht ein paar Jahrzehnte später entstanden, sind sie Teile eines ursprünglich umfassenderen Programmes: Zwölf Propheten dürften den zwölf Aposteln gegenübergestellt gewesen sein. Die fünf erhaltenen Fenster zeigen Jona, Daniel, Hosea, David und Moses in strenger Frontalansicht, in leuchtenden Farben. Von unten sind Details kaum zu erkennen; die Bilder sind nicht allein für menschliche Augen gemacht. Es ist der älteste Glasgemälde-Zyklus der Welt.

Zwischen Welfen und Staufern

Nach dem Tod des letzten Salierkaisers Heinrich V. im Jahre 1125 wurde der Sachsenherzog Lothar von Supplinburg zum König gewählt. Die Stimme des bayerischen Herzogs Heinrich «des Schwarzen» gewann Lothar, indem er dessen Sohn Heinrich «dem Stolzen» die Hand seiner einzigen Tochter Gertrud versprach. Dadurch sah sich der Schwiegersohn Heinrichs des

Schwarzen, der Staufer Friedrich von Schwaben, betrogen: der staufisch-welfische Gegensatz war in der Welt. Im selben Jahr 1127, in dem die Hochzeit zwischen Gertrud und dem Bayern auf dem *Gunzenlee* bei Augsburg gefeiert wurde, erhob eine Oppositionsgruppe Friedrichs jüngerer Bruder Konrad von Staufen zum Gegenkönig.

Daß die Sympathien der Bürger bei Konrad lagen, ist nicht sicher. Für sie war die sächsisch-bayerische Eheschließung eine *liaison dangereuse*, stand doch zu befürchten, daß ihre Frucht irgendwann ein welfisches Kaisertum sein würde. Bischof Hermann aber schlug sich auf Lothars Seite, ein Grund mehr für die *cives*, auf die staufische Karte zu setzen. Als sich Lothar im August 1132 in Augsburg aufhielt, um sein Heer für den Romzug zu versammeln, kam es zu einem dramatischen Zwischenfall, der ein Schlaglicht auf das Konfliktfeld König-Bischof-Bürger wirft. Während über eine Anklage des Bischofs gegen einige Bürger, die einen päpstlichen Legaten beraubt haben sollten, verhandelt wird, kommt es in der Vorstadt zu Auseinandersetzungen zwischen Kaufleuten und

König David. Glasfenster des Augsburger Domes, 12. Jahrhundert.

Bewaffneten des Königs. Der Streit eskaliert rasch: Jemand läutet die Marktglocken, die Bürger strömen zusammen, bischöfliche Ritter und Ministerialen ziehen vor dem Dom auf. Offenbar fürchtet Lothar, dem die staufische Gesinnung der Augsburger nicht verborgen geblieben sein dürfte, einen Anschlag auf sein Leben. Seine Leute liefern den Männern des Bischofs ein heftiges Gefecht, Hermann versucht vergeblich, die Kämpfenden zu trennen und rettet mit knapper Not die eigene Haut. In der Stadt kommt es zu Mord und Totschlag, selbst Kirchen und Klöster werden in Mitleidenschaft gezogen. Am Ende behalten die Königlichen die Oberhand. Unter Mitnahme von Gefangenen ziehen sie in ein befestigtes Lager vor den Mauern. Bevor das Heer in Richtung Italien weiterzieht, wo Lothar die Kaiserkrone erhalten wird, läßt er die Stadt einschließlich ihrer Mauern dem Erdboden gleichmachen.

Ob sich die Geschichte tatsächlich so zugetragen hat, ist ziemlich unsicher. Einzige Quelle ist ein Brief Hermanns an seinen Bamberger Amtsbruder, in dem der Bischof um Rechtfertigung bemüht ist und sich selbst zum Friedens-

Prophet Daniel.

Thronender Christus, ursprünglich St. Peter am Perlach. Terrakotta, Ende 12. Jahrhundert.

stifter und Märtyrer zu stilisieren versucht. Ob die Konfrontation zwischen den Leuten des Bischofs und den Männern des Königs wirklich nur durch ein Mißverständnis ausgelöst wurde? Oder hielten es die *milites* Hermanns im geheimen mit den Staufern? Auch fragt man sich, ob Augsburg in ein oder zwei Tagen, wie der Brief suggeriert, tatsächlich «unwiederbringlich zunichte gemacht» wurde. Selbst moderne Bulldozer brauchen für so etwas länger, sichere archäologische Nachweise für eine Totalzerstörung der Stadt fehlen. Hermanns blumiger Bericht dürfte das Geschehen symbolisch überhöhen; vielleicht liegt der Behauptung, Lothar habe alle Befestigungen – «*munitiones urbis omnes*» – zerstören lassen, ein vom König inszenierter ritueller Akt der Bestrafung zugrunde, etwa, indem man eine Bresche in die Stadtmauer brach, um aller Welt die Unterwerfung der widerspenstigen Stadt zu demonstrieren.

Die Stadt blieb, ungeachtet des Debakels von 1132, an der Seite der Staufer, die sich allmählich durchsetzen. 1137 starb Lothar; der 1138 zum Nachfolger gewählte Konrad III. stattete noch im selben Jahr Augsburg einen Besuch ab. Konrad wurde rasch anerkannt, sah sich indes sofort in weitere Kämpfe mit den Welfen verstrickt, die auch mit der Ächtung und dem frühen Tod Heinrichs des Stolzen nicht beendet waren. Im Gegensatz zu Ulm, Memmingen und anderen Orten war Augsburg davon nicht mehr betroffen.

Jedenfalls blühte bald wieder neues Leben aus den Ruinen. 1135 fand die Weihe der romanischen Georgskirche statt. Die

Kirche wurde Zentrum eines Stifts, in dem sich Augustiner-Chorherren niederließen. Derselbe Orden erhielt bei Bischof Ulrichs Armenhospiz noch eine weitere Niederlassung, dort, wo später die Kirche Hl. Kreuz errichtet wurde. Unter Abt Udalschalk (1127 – 1151), einem profilierten Vertreter der cluniazensisch-hirsauischen Reform, erlebte das Benediktinerkloster St. Ulrich und Afra eine kulturelle Blüte. Den Schlußpunkt unter die «Baukonjunktur» der Stauferzeit setzte 1182 die Peterskirche am Perlach, eine dreischiffige Hallenkirche; in ihrem Ostgiebel war eine kleine Tonfigur, die Christus als Weltenrichter zeigt, eingemauert: Die romanische Skulptur blickte zur aufgehenden Sonne, dorthin, von wo die Gläubigen die Wiederkunft des Herrn am Jüngsten Tage erwarteten.

Die Fläche der alten Römerstadt, wo die Pfarreien St. Georg, St. Stephan und zuletzt Hl. Kreuz eingerichtet wurden, dürfte zu dieser Zeit wieder ganz besiedelt gewesen sein, wenngleich die sogenannte «Untere Stadt» nördlich der Domburg erst im Lauf des 14. Jahrhunderts ganz ummauert wurde. Das südlich der Stadt gelegene *suburbium* mit St. Moritz und St. Afra als Zentren wurde spätestens gegen Ende der Regierungszeit Barbarossas in den Befestigungsring miteinbezogen. Ihre Bewohner werden nun *urbani* und nicht mehr «Vorstädter» genannt. Schon zu dieser Zeit dürfte sich am Fuß des Perlachberges eine weitere Vorstadt ausgebreitet haben. Daß der demographische Aufschwung ungebrochen war, zeigt ein Blick in die nähere Umgebung der Stadt: Die Nachbarorte und Vororte Oberhausen, Steppach, Neusäß, Hammel, Wellenburg und Haunstetten – alle diese und andere Dörfer werden seit der Mitte des 12. Jahrhunderts in Urkunden erwähnt.

Stadt Barbarossas

Eine Urkunde, die Friedrich I. am 21. Juni 1156 ausstellte, gilt als das «Erste Augsburger Stadtrecht». Eigentlich handelt es sich um einen Schiedsspruch, der die Rechte der Stadt, des Vogts und des Burggrafen gegeneinander abgrenzt. Die Quelle zeigt den Bischof noch im Zenit seiner Macht. Wehrhoheit, Münzrecht, Justiz- und Zollhoheit stehen ihm zu; er empfängt Bußen, die Straftäter zu leisten haben, außerdem weitere Abgaben und einen Grundzins. Er wählt die wichtigsten Funktionsträger einschließlich des Dompfarrers aus. Das Stadtrecht spricht allerdings auch davon, daß deren Einsetzung «auf Bitten» der Ministerialen, der Bürger – der *urbani* – und des gesamten übrigen Volkes erfolgen solle. Wenn der Bischof dem Reichsheer Truppen zuführen mußte, sich an den Kaiserhof begab oder nach Rom zu seiner Konsekration reiste, mußten die Stadtbewohner ihm zwar Abgaben leisten, doch war deren Höhe nicht festgelegt, so daß von Fall zu Fall verhandelt werden mußte. Außerdem wurde verfügt, daß jemand, der in der Stadt einen Hof ein Jahr lang besessen hatte, ohne daß ihm dieser streitig gemacht worden wäre, allein der städtischen Gerichtsbarkeit unterstehen sollte.

Das Stadtrecht kennt zwar einen einheitlichen «bürgerlichen» Rechtskreis, die *urbana iustitia*, aber noch keinen korporativ organisierten Rat. Doch ging es offenkundig davon aus, daß zwischen dem Bischof und den «Bürgern» Unterredungen und Absprachen stattfanden. Aus dem Kreis jener, die vom Bischof zur Rechtsprechung und zu anderen Geschäften herangezogen wurden, mußte sich allmählich der Rat herausgebildet haben, dessen früheste Anfänge das Stadtrecht von 1156 wie ein ferner Spiegel reflektiert.

Für die weitere Entwicklung wurde wichtig, daß sich der Kaiser intensiv darum bemühte, seine Macht durch Erwerb von Königsgut auszubauen. Als der Hochstiftsvogt Graf Adelgoz als letzter Sproß des Geschlechts von Schwabegg im Heerlager vor Rom der Malaria zum Opfer fiel, zog Barbarossa die Vogtei an sich und übertrug sie seinem Sohn Friedrich V. von Schwaben; das war 1167. Dazu erwarb er die Blutgerichtsbarkeit und, in der folgenden Zeit, ausgedehnte Gebiete beiderseits des Lech. Dabei deutet sich eine Abtrennung der Stadtvogtei von der Hochstiftsvogtei an. In Augsburg selbst wurde das Amt fortan durch einen Untervogt ausgeübt. Er war, als Statthalter der Staufer, mächtigster Mann vor Ort.

Von einem Jahr auf das andere erscheint Augsburg nicht mehr als Stadt des Bischofs, sondern als königliche Stadt. Bezeichnenderweise kann Herzog Friedrich bald von «seinen» geliebten Bürgern in Augsburg – «*dilecti urbani sui in Augusta*» – sprechen. Das merkwürdige ist, daß die Bischöfe ihre Entmachtung widerstandslos hinnahmen. Jedenfalls schweigen die Quellen von Kämpfen und Streit.

Barbarossa selbst kam häufig in die Stadt. 1182 trat er in die Bruderschaft des Klosters St. Ulrich und Afra ein. In der Bischofspfalz wurde der Ehevertrag zwischen seinem Sohn Heinrich und Konstanze, der Erbin Siziliens, beschworen. Drei Jahre später nahm der Kaiser im Kreis seiner Söhne und einiger Reichsfürsten an der Weihe der nach einem Brand wiederhergestellten Ulrichsbasilika teil. Gemeinsam mit drei Bischöfen trug der Kaiser einen für diesen Anlaß gefertigten Sarg mit den Reliquien des hl. Ulrich in feierlicher Prozession zur Gruft. Die kupferne Deckplatte des Sarkophags ist noch erhalten; in sie ist das Bild des Heiligen eingraviert, der Stil erinnert an die Glasmalerei der Prophetenfenster (Abb. S. 59).

Eine Fußnote zur Geschichte der Stadt in der Barbarossa-Zeit ist die Regelung eines unbedeutenden Konfliktfalles, der auf dem Augsburger Hoftag des Sommers 1158 zur Sprache kam. Heinrich der Löwe hatte das dem Bischof von Freising gehörende *Veringen*, einen Marktflecken an der Isar, in Schutt und Asche gelegt. Der Herzog brachte damit zum Ausdruck, daß er die Usurpation von Königsrechten durch den Bischof – Marktgründung, Erheben von Zöllen, Prägen von Münzen – nicht hinzunehmen bereit war. Anstelle Veringens, des heutigen Oberföhring, richtete er weiter südlich, bei der Siedlung *Munichen*, einen privilegierten Marktplatz ein. Barbarossa ließ den Welfen gewähren; der Freisinger Bischof erhielt aber einen Anteil an den Erträgen, die der Markt abwarf. Mit dem Richterspruch vom 14. Juni begegnet der Name «München» zum ersten Mal; daß die spätere Weltstadt in Augsburg gegründet wurde, ist zwar nicht ganz richtig. Dem Patriotismus der Augsburger schmeichelt aber doch nicht wenig, daß die Konkurrentin noch im 12. Jahrhundert ein unbedeutendes Kaff war, in dem sich ein paar Bauern, Krämer und Viehhirten herumtrieben, während ihre Stadt, inzwischen über ein Jahrtausend alt, selbst an den Rändern Europas einen Namen hatte. So ritzte damals der arabische Geograph Idrisi das Wort «*Auzburk*» an die entsprechende Stelle seiner silbernen Erdkarte.

Damals war Augsburg längst «staufischer Hauptplatz» (Zorn). Heinrich VI., in dessen kurzer Regierungszeit (1190–1197) das Kaisertum der Staufer den Gipfel seiner Macht erreichte, brach von hier aus 1191 zum Kampf um Sizilien auf; 1197 fand – wieder auf dem Gunzenlee – die Hochzeit von Heinrichs Bruder, Herzog Philipps von Schwaben, mit der byzantinischen Kaisertochter Irene statt. Philipp von Schwaben verbrachte den Sommer 1205 in Augsburg; weniger freudig dürften die Bürger Otto IV., den ein Chronist des nahen Klosters Ursberg «hochmütig und dumm, aber stark» charakterisiert, aufgenommen haben, als er Anfang 1209 einen Hoftag hielt. Dem jungen Friedrich von Staufen, Ottos Rivalen um die Kaiserkrone, öffnete die Stadt dann bereitwillig die Tore. König Heinrich (VII.), der für seinen in Italien weilenden Vater Friedrich II. die Reichsgeschäfte führte und als Augsburger Hochvogt amtierte, ließ kaum ein Jahr verstreichen, ohne die *urbs regia* – wie Augsburg in einer seiner Urkunden heißt – aufzusuchen; ein Italiener nennt sie «Stadt des Kaisers in Deutschland» und «stets Sitz des Reiches».

Die Empörung Heinrichs veranlaßte Kaiser Friedrich II. 1235 nochmals zu einem Deutschland-Aufenthalt; Ende Oktober hielt er inmitten seines glänzenden Hofstaates auch in Augsburg Einzug. Man kann sich das Staunen der Stadtbewohner vorstellen, als sie den Herrscher mit seiner exotischen Entourage erblickten: Sarazenen und dunkelhäutige «Äthiopier» waren als Wachen der Schätze des Herrschers aufgeboten, Leoparden, Kamele und Affen tummelten sich um den Mann, den ein Zeitgenosse das «Staunen der Welt» nannte. Angesichts des orientalischen Pomps, mit dem Friedrich sich als Herrscher des Erdkreises in Szene setzte, soll Heinrichs Aufstand wie von selbst in sich zusammengebrochen sein.

Bevor der Kaiser wieder nach Italien zog, hielt er – im Juni und Juli 1236 – einen weiteren großen Hoftag in Augsburg ab. Bei dieser Gelegenheit wurde die Reichsacht über den österreichischen Herzog Friedrich verhängt, der sich während der Empörung Heinrichs kompromittiert hatte; seine Lehen unter direkte Reichsverwaltung zu nehmen, gelang am Ende nicht, da die Kriege im Süden bald alle Kräfte banden. Mit der Bannung Friedrichs durch Gregor IX. am Palmsonntag 1239 ging der Kampf zwischen Papst und Kaiser in seine entscheidende Phase.

Die Schockwellen der Ereignisse jenseits der Alpen machten sich auch am Lech bemerkbar. Bischof Siboto von Seefeld (1227 bis 1262) hatte zu jenen gezählt, die um Vermittlung bemüht gewesen waren; jetzt weigerte er sich, die Exkommunikation Friedrichs zu verkünden. So verfielen 1240 auch der Bischof und seine Stadt Bann und Interdikt. Ob es damals zu kriegerischen Auseinandersetzungen kam? Auffällig ist allein, daß in einem bedeutenden Dokument von 1241, einem Abgabenverzeichnis für Teile des staufischen Königsterritoriums, zu Augsburg lapidar notiert wird: «Augsburg nichts, weil abgebrannt; die dortigen Juden nichts, weil verbrannt.»

Leben in der staufischen Stadt

Stadtgeschichte in der Stauferzeit – das klingt nach Glanz und Gloria. Ein romantisches Geschichtsbild läßt in der Phantasie hochragende Dome und behäbige Bürgerhäuser erstehen, dazu Ritter in funkelnder Rüstung, auf Schimmeln, deren goldene Schabracken in der Morgensonne glitzern; es zeigt Herrscher im Sternenmantel und würdige Bischöfe in Gewändern aus Seide und Brokat. Ganz falsch sind solche Vorstellungen nicht – man führe sich allein die Szenerien prunkender Prozessionen der Barbarossa-Zeit vor Augen. Andererseits besteht Stadtgeschichte ja keineswegs nur aus Herrscheraufenthalten, Verlöbnissen oder «Hoftagen» (wie auch immer man sich den Ablauf solcher Veranstaltungen vorstellen mag; es ist wenig darüber bekannt). Die Überlieferung, die sich auf die «großen Aktionen» konzentriert, verführt eben dazu, den Takt von Kaiserbesuchen als Rhythmus städtischen Lebens zu nehmen.

Ein wenig Alltag lassen die Quellen indes schon erkennen. Das Stadtrecht von 1156 berichtet von der Aufgabe des Burggrafen, Weinausschank, Bier- und Brotherstellung zu überwachen; es verrät auch, daß die Wurstmacher, *salsuciarii*, nebenher die Funktion von Gefängniswärtern wahrnahmen. Die Kontrolle der Bäcker war und blieb ein zentraler Gegenstand städtischer Gesetzgebung: der Burggraf – später andere Instanzen – hatte die Qualität zu überwachen und zu prüfen, ob das Gewicht der Brote bestimmten Vorgaben entsprach; der Brotpreis wurde bis in die frühe Neuzeit gewöhnlich nicht verändert, dafür wurde das Brotgewicht je nach den Kosten des Getreides variiert.

Wie vielfältig das Angebot an Nahrungsmitteln und Rohstoffen war, das um 1200 auf den Augsburger Markt gelangte, zeigt das Traditionsbuch von St. Ulrich. Getreide, Salz und Rinderhäute, Pferde, Schafe, Schweine und anderes Getier, Öl, Wachs, Honig, Unschlitt und alle möglichen Baustoffe wurden aus Bayern und dem schwäbischen Umland importiert; Bier, Met und natürlich Milch zählten zu den Alltagsgetränken, gelegentlich wurden «welsche», selbst griechische Weine getrunken.

Die Oberschicht der städtischen Gesellschaft wurde um die Mitte des 13. Jahrhunderts von Ministerialen und Freien gebildet. Allmählich kristallisiert sich aus ihr eine engere Elite heraus; Namen von Familien, die in der Stadtgeschichte fortan eine herausgehobene Rolle spielen werden, begegnen im Zusammenhang mit wichtigen Rechtsgeschäften immer häufiger: Stolzhirsch, Langenmantel, Herwart oder Welser zum Beispiel. Einmal wird auch ein Arzt, ein *magister Albertus Physicus*, erwähnt.

«Darunter» folgen die *censuales*, ursprünglich Unfreie oder Leibeigene, die von ihrem Herrn einer Kirche übergeben worden waren, deren Heiliger nun als fiktiver neuer Leibherr fungierte. Diese Zensualen oder Zinser streiften offenbar mit der Zeit die Pflicht zum Knechtsdienst und die Schollenbindung ab; so gewannen sie das freie Verfügungsrecht über ihre Arbeitskraft (Karl-Heinz Sieber). Auf diese Weise könnte die soziale Kerngruppe der Bürgergemeinde entstanden sein. Ihre Stellung hat sich zwischen dem 12. und 13. Jahrhundert offenbar verbessert. Die Erben eines solchen Zinsers mußten nur eine Kleiderabgabe leisten, das «Bestkleid». Alles andere fiel ungeschmälert an die Nachkommen oder an die Witwe des Erblassers. Ihren Lebensunterhalt verdienten die Zinser vor allem im Handwerk.

Am unteren Ende der sozialen Skala standen Leibeigene und einige Randgruppen. Bettler, Arme und «Sieche» hat es natürlich auch in Augsburg gegeben; schon die Ulrichsvita erwähnt ja

Bischof Ulrich. Kupferne Deckplatte von seinem Sarg, vor 1187.

ein Armenhospiz. Das zwischen 1239 und 1245 gegründete Heilig Geist-Spital wurde zur bedeutendsten karitativen Einrichtung Augsburgs. Der früheste Beleg für die Anwesenheit von Juden stammt aus dem Jahr 1212.

Unter den Randgruppen der Gesellschaft treten weiterhin die Leprosen hervor, sozusagen die Außenseiter aller Außenseiter. Sie wurden in einem Haus bei der Kirche St. Servatius, vor den Toren der Stadt, versorgt. Im Stadtrechtsbuch von 1276 ist schließlich der Henker erwähnt. Ihm oblag, wie in anderen Städten, auch die Aufsicht über die *varnden freulin*, die Prostituierten.

Bettelorden und Beginen

Der «Investiturstreit», dann die gnadenlose Auseinandersetzung zwischen Päpsten und staufischen Kaisern muß in weiten Kreisen der Bevölkerung zu tiefer Verunsicherung geführt haben: Die obersten Gewalten der Christenheit sprechen einander die Legitimität ab, der eine schleudert den Bann gegen den anderen, der mal als Antichrist, mal als Ketzer verteufelt wird und seinerseits die Absetzung des Gegners verkündet. Dabei geht es immer auch um weltliche Macht, um Herrschaft, Pfründen und Geld. Die Folge war, daß die Monopolstellung der Kirche als Heilsvermittlerin in Frage gestellt wurde. Die Institution wehrte sich mit militärischer Gewalt und mit der Inquisition, deren Rolle durch das Vierte Laterankonzil von 1215 bekräftigt wurde, gegen «Ketzer» wie die Katharer und die Waldenser. Aber sie versuchte auch zu integrieren, indem sie neue Formen der Spiritualität und Orden, die das apostolische Ideal der Armut propagierten, anerkannte: Franziskaner und Dominikaner. Die Bettelorden suchten die dichtbevölkerten Städte, wo sie predigten und die Beichte abnahmen. Hier fanden die Worte der Brüder und das Vorbild ihrer anspruchslosen Lebensführung ein großes Publikum, das religiöse Orientierung suchte.

Augsburg war vermutlich die erste deutsche Stadt, in der sich von Italien kommende Franziskaner niederließen. Die Minderbrüder sollen sich hier noch zu Lebzeiten des *fraticello*, 1221, eingefunden haben; wenig später siedelten sich auch Dominikaner an. 1265 war die erste Kirche der Franziskaner, eine der hl.

Maria geweihte Basilika am Fuß des Perlachberges, fertiggestellt. Auch die Dominikaner scheinen sich zunächst im Lechviertel, einer Handwerkervorstadt, niedergelassen zu haben. Beide Orden wandten sich allerdings keineswegs nur an die städtischen Unterschichten. Vielmehr treten früh vornehme Familien wie die Egen oder die Langenmantel als ihre Förderer hervor. Von Anfang an waren auch Bildung und Wissenschaft bei ihnen zu Hause. So sind die Rechtssammlungen, die für die Konzeption des Stadtbuches herangezogen wurden, wahrscheinlich in einem Augsburger Franziskanerkloster entstanden; mit David von Augsburg (1205–1272) wird die Stadt einen der bedeutendsten Vertreter der franziskanischen Mystik beherbergen.

1275 ließ sich auch in der Oberstadt ein Bettelorden nieder. Das Karmeliterkloster St. Anna hat seine Anfänge in einer Urkunde Bischof Hartmanns, nach der dem Orden auf Wunsch des Königs Haus und Hof der Sacciten, einer Eremitengenossenschaft, überlassen wurde; daneben begegnen um die Mitte des 13. Jahrhunderts Frauengemeinschaften, sogenannte Beginen. Letztere bildeten Kommunen, deren Mitglieder in Armut und Keuschheit lebten und sich gewöhnlich durch Mitgiften, auch durch Spinnen und andere Arbeiten über Wasser hielten. Als ihre wichtigste Aufgabe sahen sie Mädchenerziehung und Krankenpflege an. Von Amtskirche und Rat nur halbherzig akzeptiert und immer argwöhnisch betrachtet, gingen die meisten Beginengemeinschaften später in Frauenkonventen auf: Die Klöster Maria Stern, St. Clara an der Horbruck und St. Ursula haben Beginenhäuser als Keimzellen.

In nomine domini amen.

Vride gnade
vnde div minne
des almæhtigen
gotes. si mit al
len gotes getriwen amen.

Wande elliv dinch vnde
div geschæfde div die
lvte warbent dicke vergæz
zen werdent vnde ouch ver
derbent. da von so ist not swaz
man wirbet daz man daz gu
ter gehvgnvsse enphælhe mit
der schrift daz ez stæte belibe.

Dar vber von chvmt die rat
gæben. die ze den ziten ratgæ
ben waren ze auspurch. do von
gotes gebv̊rte waren Tusent
1276 iar. zwai hundert iar. sehs vnde
sibenzic iar. vnde bi kvnch Rv̊
dolfes ziten. der do gewaltic
lichen Rômisch kv̊nch was.
daz die biderben burger die
eltesten vnde auch die witzig
sten ratgæben von auspurch
durh ir triwe vnde durh gan

ze tæhticheit ze vnserm h
ren kvnch Rvdolfe chomen
vnde im for leiten vmbe so
tanen gebræsten. vnde vm
elliv div ræht div disiv stat
auspurch von alten ziten bi
sern bi kvnigen vnde bi bis
fen her braht hete. ez si an d
vogtes ræhte oder ans burg
grafen oder an d' mv̂nze ode
an zollen. vnde eins ieglich
biderben mannes reht er si
arm oder riche. Da beg
te vns vnser herre kunch R
dolf mit. vnde bechante vn
vnseriv ræhte. vnde gab vn
dar vber sinen brief. versig
ten mit sinem Insigel vn̄ m
vnsers herren Bischof har
mannes willen der do bisch
was. vnde mit siner chôrhre

Do disiv gnade der stat
meinlichen wider for. von v
serm herren kvnch Rudolfe
vnde von vnserm herren de
Bischofe. do chomen si an v

Reichsstadt

Das erste Stadtsiegel

Seit die staufische Herrlichkeit in den Lüften Italiens verweht und die Reichskrone zum Spielball der Fürsten und aller möglichen Kleinkönige geworden war, mußten die regionalen Gewalten sehen, wie sie ihre Rechte behaupteten. Die «Interregnum» genannte «kaiserlose, schreckliche» Zeit wurde deshalb für die Herausbildung und Festigung städtischer Autonomie günstig. Im Ringen um Selbständigkeit vom bischöflichen Stadtherrn hatte ein Gemeinwesen wie Augsburg von jeher schon dank seiner wirtschaftlichen Bedeutung gute Karten.

Entscheidend wurde die *entente cordiale* der großen Mehrheit der Bürgerschaft mit den Kaisern und Königen des Reiches, die in ihren Kriegen auf die Hilfe der Stadt angewiesen waren und für die Unterstützung durch Gewährung von Privilegien bezahlten. Der Weg zur Reichsfreiheit der Stadt hatte aber nicht nur «außenpolitische» Aspekte; ihm ging die Herausbildung korporativer Strukturen der Bürgerschaft voraus. Die Anfänge dieser Entwicklung zeigt, wie wir sahen, das Stadtrecht von 1156.

Belege für die Existenz einer selbständigen Bürgergemeinde häufen sich in den dreißiger Jahren des 13. Jahrhunderts, vielleicht nicht ganz zufällig in der Zeit des «städtefreundlichen» Königs Heinrich (VII.). Spätestens 1231 wurde Augsburg direkt zur Reichssteuer herangezogen; drei Jahre später ist von der Existenz eines Stadtsiegels die Rede. Das älteste Exemplar, gefertigt aus weißem Wachs, stammt aus dem Jahr 1237. Es ist der wichtigste Beleg für eine rechtliche Autonomie der Stadtgemeinde.

Die Umschrift sagt, wem das Zeichen gehört: Es ist das SIGILLVM CIUIVM AUGVSTENSIVM, das Siegel der Bürger Augsburgs. Die Stadt wird durch eine Mauer und ein Tor, das von zwei zinnenbekrönten Türmen flankiert wird, dargestellt. Über dem Tor ist ein Stern zu sehen, das Zeichen des bischöf-

Stadtbuch von Augsburg. Pergamenthandschrift, Vorrede. 1276.

Augsburger Stadtsiegel, nach 1260: «SIGILLVM CIUIVM AUGVSTENSIVM», «Siegel der Augsburger Bürger». Im geöffneten Tor die «Stadtber»; der sechszackige Stern gilt als Symbol der Bischofsstadt unter dem Patronat Mariens.

lichen Stadtherrn. Im geöffneten Portal steht eine Art Lebensbaum; er ist Vorläufer einer Traubendolde, die im 16. Jahrhundert als Pinienzapfen und damit als antikes Symbol gedeutet wurde. In dieser Form hat das Wappen bis heute überlebt.

Kampf um die Vogtei

Mit dem Tod Friedrichs II., 1250, sahen sich die *burgenses* zwischen Scylla und Charybdis. Von Osten her drohte der Zugriff des bayerischen Herzogs, der von einer gut befestigen Burg beim heutigen Friedberg aus die Türme der Bischofsstadt glitzern sehen konnte; in der Stadt selbst aber kam es zunächst zum *showdown* mit dem Bischof.

1247 war Siboto, der alte Parteigänger der staufischen Sache, von Gregors Nachfolger Innozenz IV. zum Rücktritt genötigt und durch den papsttreuen Hartmann von Dillingen ersetzt worden. Nur gegen Zugeständnisse (und wahrscheinlich nach gewaltsamen Auseinandersetzungen) fanden sich die Bürger dazu bereit, ihm ihre Stadt zu öffnen. Er mußte ihnen das Recht der Steuererhebung bestätigen und die militärische Gewalt über Mauern und Tore gewähren. Hartmanns chronischer Geldmangel blieb der treueste Bundesgenosse der Augsburger (Wolfram Baer): Kurz darauf konzedierte der Bischof den Bürgern einen Zoll, das *ungelt*, der – vermutlich – auf Wein erhoben wurde. Daraus entwickelte sich eine Verbrauchssteuer, deren Erträge zur wichtigsten Säule des Augsburger Finanzsystems wurden.

Nach dem Tod Konrads IV. zog Konradin, der Erbe des staufischen Namens, die Vogtei an sich. Hinter der Transaktion steckte sein Vormund und Onkel, Ludwig II. von Wittelsbach, der den Rechtstitel umgehend in Pfandbesitz nahm. Über diese Transaktion und weitere Schuldverschreibungen brachte Konradin die Mittel für den Krieg um Sizilien auf. Für den Fall seines kinderlosen Todes waren die bayerischen Onkel als Erben vorgesehen.

Im Herbst 1267 brach Konradin von Augsburg aus mit einem kleinen Heer in Richtung Brenner auf. Das Unternehmen endete ein Jahr später mit der Niederlage bei Tagliacozzo und der Enthauptung des «letzten Staufers» auf dem Marktplatz von Neapel. Die Wittelsbacher bedienten sich umgehend aus seinem Nachlaß und arrondierten ihr Land im Norden und Westen; Stadt und Hochstift Augsburg hätten sich vorzüglich in das bayerische Herzogtum gefügt. Die Bayern rüsteten zum Krieg.

In dieser kritischen Lage rückten Bischof, Domkapitel und Bürger zusammen. Bürger und Bischof mochten sich in herzlicher Abneigung verbunden sein, den Nachbarn im Osten fürchteten sie beide. Vorsorglich hatten sie 1267, als die bayerischen Pläne ruchbar wurden, einen Schutzvertrag geschlossen. Die Stadt erkannte zwar nominell die Verfügungsgewalt des Bischofs über die Vogtei an, aber nur gegen dessen Verpflichtung, das Amt allein an den römischen König zu übertragen. Alle seine Verfügungen über die Vogtei waren außerdem von der Zustimmung des Kapitels, der Ministerialen und der *cives pociores* abhängig.

Anfang 1270 erschien Ludwig von Wittelsbach mit einem Heer vor den Mauern Augsburgs, um sich mit Gewalt zu holen, was das Recht ihm versagte. Ihm stellte sich eine Streitmacht aus Bürgern und Leuten des Bischofs entgegen; Flankenschutz gab der Markgraf von Burgau, der von einer weiteren Expansion Bayerns ebenfalls nichts Gutes zu hoffen hatte. Beim bischöflichen Hammel, westlich von Augsburg, erfochten die Verbündeten einen Sieg. Der Bayer mußte klein beigeben; die Stadt bewahrte ihre Stellung. Es gelang ihr sogar, weitere Rechte vom Bischof zu gewinnen: Hartmann überließ den Bürgern Zölle und den einträglichen Judenschutz, außerdem das Münzregal, wenngleich nur auf Zeit.

In den Krisenjahren nach dem Tod Friedrichs II. tritt endlich auch die Vertretung der Bürgerkorporation deutlicher hervor. 1257 werden einige der einflußreichen und vermutlich wohlhabenden Leute, der «*pociores*», der «mächtigeren» Bürger, «Konsuln» – *consules* – genannt, der gängige lateinische Begriff für «Ratgeber». Sie versammelten sich in einem 1260 erstmals erwähnten *domus civium*, einem Rathaus, das an der Stelle eines *praetoriums* der staufischen Zeit lag. Einige Jahre später geistert ein *magister civium*, ein Bürgermeister, durch die Quellen. Der Begriff verschwindet zunächst wieder; ob sich das spätere Bürgermeisteramt darauf zurückführen läßt, ist unklar.

Das Stadtrecht von 1276

1273, mit der Wahl des im deutschen Südwesten begüterten Grafen Rudolf von Habsburg zum König, fand das Interregnum sein Ende. Wer geglaubt hatte, daß dem Reich damit erneut ein machtloser *regulus* beschert worden sei, sah sich gründlich getäuscht. Rudolf erwies sich als harter, äußerst geschickter Politiker, der sich mit Zähigkeit darum bemühte, seinen Territorialbesitz zu mehren und das seit 1245 entfremdete Reichsgut zurückzugewinnen. Er wurde zu einer Figur von welthistorischem Format, da er die Grundlagen schuf, auf denen der Aufstieg des Hauses Habsburg beruhte. Mit ihm beginnt eine lange Reihe von Königen und Kaisern, die ihre Herrschaft in erster Linie auf ihren eigenen Territorialbesitz, auf ihre Hausmacht, gründeten.

Gleich zu Beginn seiner Regierung, 1276, gelang Rudolf sein größter Coup. In der Schlacht auf dem Marchfeld bei Dürnkrut besiegte er seinen mächtigsten Konkurrenten, den Böhmenkönig Ottokar. In der folgenden Zeit brachte er einen großen Teil von dessen Erbe und weitere Territorien im deutschen Südosten an seine Familie. Die Belehnung seiner Söhne mit Österreich,

Steiermark, Kärnten und Krain wurde übrigens auf einer Augsburger Versammlung, 1282, vorgenommen.

Zum ersten Mal war Rudolf im Mai 1275 nach Augsburg gekommen. Bei dieser Gelegenheit erbaten einige Bürger, «*die eltesten unde auch die witzigsten ratgaeben*», vom König die Genehmigung, eine Sammlung des Rechts anzulegen, das diese «*stat ze Auspurch von alten ziten bi kaisern, bi kvnigen vnde bi bisschoefen herbraht hete*». Der Herrscher gab seine Zustimmung; vier *biderbe*, also rechtschaffene, angesehene Männer sollen sich daraufhin an die Ausarbeitung einer umfassenden Kodifikation gemacht haben. Das Stadtrechtsbuch wurde zu einem Grundgesetz der Augsburger «Verfassung». Rudolf bestätigte seine Geltung bei einem erneuten Aufenthalt im folgenden Jahr, obwohl zu dieser Zeit nur Teile des Werks vorlagen. Die Bürgerschaft erkaufte sich seine Unterschrift, indem sie ihm eine Schuld von 350 Mark Silber erließ.

Das Stadtrecht von 1276 ist der erste umfangreichere Quellentext in mittelhochdeutscher Sprache, den die Augsburger Überlieferung kennt und die zweitälteste deutsche Stadtrechtskodifikation überhaupt. Es ist in drei umfangreiche *capitel* gegliedert: einen ersten, als «Landrecht» bezeichneten Teil, der die Rechte von König, Bischof, Vogt und Burggrafen beschreibt und Angelegenheiten von Handwerk und Handel regelt; auch die Stellung der Juden ist ein Thema. Es folgt, zweitens, das Vogtgerichtsbuch, eine Art Strafrechtskodex, und drittens das Burggrafengerichtsbuch, in dem vorwiegend Fragen der Niedergerichtsbarkeit angesprochen werden.

Die Geltung des Stadtrechts war auf Leute beschränkt, die das *burcreht*, des Bürgerrecht, besaßen. Das Wort *burger* bezeichnete in der Sprache des Rechtsbuches vor allem die Elite des Gemeinwesens, Hausbesitzer, wohlhabendere Handelsherren oder auch Ritter, kurz, jene Gruppe, aus der sich die beiden höheren Stände der Stadtgesellschaft, Kaufleuteschaft und Patriziat, bilden werden. Über die Aufnahme in die Gemeinschaft der Bürger, die *universitas civium*, entschied zunächst der Vogt, sicher unter Mitwirkung des Rates, der dieses Recht noch im 13. Jahrhundert ganz an sich zog. Die Neubürger hatten einen feierlichen Treueid zu schwören; die Verbindung, die sie eingingen, war nicht nur rechtlicher und politischer, sondern auch religiöser Art.

Das Stadtbuch wollte nicht neues Recht setzen, es beschrieb vielmehr geltendes Recht. So spiegeln viele seiner Bestimmungen bestehende Verfassungsverhältnisse. Nebenbei geben sie eine Fülle von Hinweisen auf das Alltagsleben. Der genaueren Analyse erschließen sich die Ablagerungen verschiedener Zeiten; auf graue Vergangenheit verweist ein Artikel, nach dem in einem Verfahren wegen Notzucht die Wahrheitsfindung über einen Zweikampf zwischen dem angeklagten Vergewaltiger und seinem Opfer stattfinden sollte.

Andere Bestimmungen werfen ein Licht auf die Verfassungsverhältnisse. Noch immer wird der Bischof neben dem König als Stadtherr genannt. In Wirklichkeit lag die Macht wie schon zu Zeiten Barbarossas beim Reichsoberhaupt, denn Rudolf von Habsburg hatte die Augsburger Vogtei bald nach seiner Wahl als entfremdetes Reichsgut eingezogen. Später, vielleicht erst um 1287, ging sie in einer neuformierten ostschwäbischen Reichslandvogtei auf. In Augsburg amtierte des «*küniges vogt*» als Untervogt; seine Ernennung lag in der Hand des Königs. Er hielt dreimal jährlich in der bischöflichen Pfalz und im *dinckhuse*, dem Rathaus, Gericht. An den Urteilen waren bürgerliche Schöffen beteiligt.

Auch der Rat Augsburgs wird nun, endlich, etwas genauer faßbar. Die Stadt solle, so heißt es im zweiten Artikel des Stadtbuches, stets einen «*gesworn rat*» haben, der aus mindestens «*zwelf erbaeren mannen der besten unde der witzegsten die hie sin*» bestehe. Die Ratsherren hatten das Recht, die Sturmglocke zu läuten, wenn Gefahr im Verzug war, Feuer, Aufruhr oder Feindesgefahr drohten. Die Glocken des Turmes *uf berlaich* waren so etwas wie die Massenmedien in der mittelalterlichen Stadt, das wichtigste Kommunikationsorgan der Bürger (erinnern wir uns an die Ereignisse von 1132!). Die Verfügung über sie war eines der entscheidenden Herrschaftsrechte. Und auch die Urschrift des Rechtsbuches selbst wurde zu einer «politischen Reliquie», zu einem Machtsymbol *par excellence*.

Reichsfreiheit

Die Urkunde König Rudolfs zeigt die Bürgerkorporation auf Augenhöhe mit Bischof und Domkapitel. Ihre Rechtssetzungs-

Bischof Wolfhard von Roth, Bronzeplatte seines Grabmals im Dom. Um 1302.

kompetenz war nun anerkannt und sie konnte darangehen, die inneren Verwaltungsstrukturen ihrer Stadt auszubauen. Die Bischöfe versuchten zwar gelegentlich, das Rad wenigstens ein bißchen zurückzudrehen. Die Augsburger pochten aber auf ihre «*freihait, die sie hetten von künigen (und) kaisern herpracht*...». So war es auch. Die Augsburger erreichten ihre Freiheit über die Bindung an das Reichsoberhaupt. 1294 erwirkten sie von König Adolf von Nassau, der das Rennen um Rudolf von Habsburgs Nachfolge gemacht hatte, das wichtige Privilegium *de non evocando*: Es befreite die Bürger davon, vor fremde Gerichte gezogen zu werden.

Die Nähe der Bürgergemeinde zur Krone schloß kurzfristige Bündnisse mit dem Bischof nicht aus, wenn die Stadt von außen, also von Bayern, bedroht war. Das war gleich nach dem Tod Rudolfs von Habsburg der Fall, als Herzog Ludwig der Strenge von Oberbayern sein Glück versuchte und Ansprüche auf die Augsburger Vogtei erhob. Er scheiterte ebenso an der Zweckverbindung zwischen Bischof und Stadt wie sein Sohn Rudolf. In einer verheerenden Fehde zwischen ihm und Bischof Wolfhard von

Roth (1288–1302) stand die Stadt an der Seite ihres Oberhirten. Nach dem Friedensschluß, 1297, finden wir sie in einem gemeinsamen Bündnis mit dem Herzog, Bischof Wolfhard und dem Domkapitel, das die Raubzüge bayerischer und schwäbischer Ritter eindämmen sollte. Es war eine jener in Zeiten der Schwäche des Königtums typischen Allianzen, mit denen regionale Mächte sich um Ordnung bemühten.

Wolfhard von Roth ist die erste Gestalt der Augsburger Geschichte, von deren Aussehen ein bedeutendes Kunstwerk eine ferne Ahnung vermittelt. Der Bildhauer Otto und der Gießer Konrad signierten seine bronzene Liegefigur, die sich heute in der Konradskapelle des Domes befindet. Das ungeheuer eindrucksvolle Porträt zeigt einen asketisch wirkenden Mann, zu dessen Physiognomie das in den Quellen überlieferte Bild eines machtbewußten Politikers, strengen Klosterherrn und energischen Ökonomen paßt.

Die letzten Schritte zur Reichsfreiheit wurden durch den Thronstreit begünstigt, der nach der Doppelwahl von 1314 ausbrach. Während Bischof Friedrich Spät von Faimingen sich auf die Seite des Habsburgers Friedrich des Schönen schlug, setzten die Bürger auf Herzog Ludwig von Oberbayern und unterstützten ihn mit Anleihen und Söldnern. Der Bischof ging in seiner Dillinger Burg in Deckung (der Ort war mit dem Erbe Bischof Hartmanns an das Hochstift gelangt).

Es war, vor dem Hintergrund der traditionellen Orientierung Augsburgs, eine bizarre Allianz; doch zeigte sich, daß der Rat das richtige Gespür gehabt hatte. In seiner Bedrängnis überschüttete der Bayer die Augsburger mit Begünstigungen; vor allem wurde Augsburg die Unveräußerlichkeit vom Reich zugesichert. «Da die genannte *civitas Augustensis* als eine ehrenwerte und vorzügliche Stadt unter den Städten des Reiches hervorragt, so wollen wir, daß sie immerwährend unter der Herrschaft des Reiches gehalten werde, derart, daß sie in keiner Weise durch Kauf, Tausch, Lehensgebung oder irgendeine andere Entfremdung von Gewalt und Herrschaft des Reiches losgerissen werden darf.» (Übersetzung nach Zorn). Das bedeutete nichts anderes als die Reichsfreiheit.

Mit dem Sieg über die habsburgischen Truppen bei Mühldorf, 1322, entschied Ludwig den Thronstreit endgültig zu seinen

Gunsten; Augsburg wurde zu seinem bevorzugten Aufenthaltsort. Auch Bischof Friedrich schlug sich auf die Seite des Siegers. Offenbar übte er in der Auseinandersetzung zwischen Papst und König äußerste Zurückhaltung. Auch Friedrichs Nachfolger blieben an der Seite des Königs, der seit 1331 mit dem Juristen Ulrich Hofmaier einen gebürtigen Augsburger als seinen Protonotar beschäftigte.

Die schwäbische Wirtschaftsmetropole

In der Rückschau stellt sich der Weg Augsburgs zur Reichsfreiheit, die mit der Urkunde vom 9. Januar 1316 erreicht war, als ein Vorgang dar, der sich über Jahrhunderte hingezogen hatte: als zähes Ringen, in dem gelegentlich die Waffen sprechen mußten, die Regel aber ein mühsames Aneinanderstückeln von Rechten und Privilegien war, die in ihrer Summe eine neue rechtliche und politische Qualität ergaben. Gewiß wurde der Aufstieg zur Reichsstadt durch die Lage der Stadt an der Grenze verschiedener Einflußsphären begünstigt; Augsburg fand in kritischen Situationen immer Bündnispartner, konnte seine Feinde gegeneinander ausspielen. Aber die Stadt hatte auch selbst etwas in die Waagschale zu werfen: ihre wirtschaftliche Kraft. Sie übertraf zwar andere Städte vergleichbarer Größe wie Nürnberg noch nicht, doch sind die Vorzeichen der späteren Weltstellung unübersehbar.

Augsburger beliefern die Frankfurter Messe, wo sie Gewürze, Seide, Brokat und andere Güter aus dem Venedighandel anboten. Sie kaufen in Flandern und Brabant Tuche ein, und wir finden sie auf den Messen der Champagne. Unter dem Importgut, das auf Augsburgs Märkte kam, treten Eisen und andere Rohstoffe hervor, bayerisches Salz und «welsche» Weine; daneben Gewürze und Luxuswaren aus Venedig. Ludwig der Bayer stützte den Handel mit zahlreichen Privilegien. Immer mehr Kaufleute konnten es sich leisten, im Umland ausgedehnte Ländereien zu erwerben. Einige, an erster Stelle die durch Handelsgeschäfte und Finanztransaktionen großgewordenen Langenmantel, kauften sich ganze Herrschaften zusammen und stiegen ins Rittertum auf.

Rückgrat der Augsburger Wirtschaft aber blieb das Hand-

Ratssitzung im Augsburger Rathaus. Jörg Breu d.J. illustriert eine Szene aus der Geschichte der Zunfterhebung von 1368, zeigt das Geschehen aber in der Ratsstube des 16. Jahrhunderts.

werk. Das Stadtrecht von 1276 nennt neben anderen *antwaerkken* Loderer, Gewandschneider und *rintschuster*; natürlich wirkten auch Weber und Bleicher in der Stadt; Kürschner, Gerber, Müller und Hammerschmiede siedelten vor allem in der Nähe der vier *laeche*, Lechkanäle, die sich durch die Handwerkerviertel zogen. Wild, Geflügel, Eier, Käse und Butterschmalz wurde von den *huenraern* vertrieben, die *hucker* verkauften Öl, Heringe, Aale, Störe und Feigen. Die *goltsmide* erfüllten die Luxusbedürfnisse der Oberschicht: Sie produzierten zum Beispiel Haarbänder, Kleiderspangen und Ringe. Und es gab *kramer*, bei denen die Augsburger Handschuhe und Gürtel, Wachs und anderes mehr kauften. Während fremde Kaufleute ihre Ware *en gros* anbieten mußten, war der Detailhandel frei, er blieb – von Ausnahmen abgesehen – den Einheimischen überlassen.

Allmählich bilden sich korporative Strukturen heraus: Im Fall der Bäcker und der Weber werden vierköpfige Ausschüsse faßbar, die zusammen mit dem Burggrafen und Ratsvertretern die Angelegenheiten ihrer Handwerke überwachen; 1324 klagt die *gemain der ledrer* vor dem Burggrafen.

Die Führungsgremien der Stadt waren in den Jahrzehnten nach Niederschrift des Rechtsbuches ausgebaut worden. Um 1291 wurde der Rat der «Zwölfer» um ein weiteres Gremium mit 24 Mitgliedern erweitert. Außerdem gab es zu dieser Zeit schon einen Großen Rat, der ebenfalls von Patriziern dominiert wurde. Seit der Wende zum 14. Jahrhundert verdichten sich die Belege für den Aufbau einer Finanzverwaltung.

Zukunftsweisend wurde eine Lösung, die zuerst 1288 in den Quellen greifbar wird: Es sollten immer zwei Stadtpfleger, *procuratores civitatis*, amtieren, abwechselnd in jährlichem Rhythmus. Die Einrichtung der Doppelspitze hatte «machttechnische» Gründe. Offenbar sollte der Gefahr, daß ein Clan zu mächtig werden könnte, vorgebeugt werden. Tatsächlich versuchte Siboto Stolzhirsch, Exponent einer mächtigen Patrizierfamilie, im Sommer 1303 seinem Klientelverband zur Alleinherrschaft zu verhelfen. Man verschaffte sich gefälschte Siegel, Bewaffnete standen bereit; der Plan wurde jedoch verraten, die Verschwörer wurden geächtet. Einigen gelang die Flucht. Die übrigen mußten sich unterwerfen. Der Rat entschied, daß die beiden *Phlegere* von nun an immer gemeinsam amtieren sollten. Zeitweilig stand ihnen ein vierköpfiger Ratsausschuß zur Seite, die Keimzelle des späteren Geheimen Rats.

Im Herbst des Mittelalters

Der schwarze Tod

Mit dem Jahr 1346 setzt eine der wichtigsten Augsburger Quellen ein: die Reihe der Steuerbücher. Sie verzeichnen nur Bürger, also beispielsweise keine Armen ohne Haushalt. Der Klerus zahlte keine Steuern, allein einige Frauenkonvente, die Spitäler und die Pfarrzechen – die Verwaltungen des Stiftungsvermögens der Pfarrkirchen – werden in den Steuerlisten genannt. Das älteste Exemplar nennt 2750 Steuerzahler, dazu 91 «Pfahlbürger», also Leute, die außerhalb der Stadt wohnten, aber das Bürgerrecht besaßen. Augsburg dürfte zu dieser Zeit etwa 13 000 bis 15 000 Einwohner gezählt haben.

Damals erreichte die mittelalterliche Stadt ihre größte Ausdehnung. Seit 1321 wurde an der Ummauerung der Georgsvorstadt im Norden gebaut, die Quellen nennen das Frauentor und das Heilig-Kreuzer-Tor als neue Stadttore. 1339 dann wurde damit begonnen, auch die östliche Vorstadt, die sich um die Pilgerkirche St. Jakob gebildet hatte, in die Stadtbefestigung miteinzubeziehen. Erst ein halbes Jahrtausend später, in der Zeit der Industrialisierung, wird die Stadt den Mauerring, mit dem sie sich jetzt umschloß, sprengen.

Die Grenzen des Wachstums waren allerdings in der ersten Hälfte des 14. Jahrhunderts erreicht. Schon um 1300 ging die Agrarproduktion zurück; ein Temperaturtief der «Kleinen Eiszeit» führte zu Mißernten und Hungersnöten, so daß der demographische Aufwärtstrend gebrochen wurde. Den Höhepunkt der Krise markierte der Schwarze Tod, der zwischen 1346 und 1350 den Kontinent heimsuchte, eine Epidemie von furchterregender Dimension, der in manchen Städten über ein Drittel der Einwohner zum Opfer fiel.

Vom Schwarzen Meer her bewegte sich die Pest nach Westen, kam zuerst nach Italien und drang dann über die Alpen vor.

«Zunftrevolution»: Auflauf bewaffneter Handwerker vor dem Rathaus. Zeichnung aus einer anonymen Chronik, um 1480.

Augsburg wurde 1348 erreicht. Die Nachrichten darüber sind karg. Marcus Welsers Stadtgeschichte vermeldet, daß damals «*unsäglich viel Leuth*» an der Pest gestorben seien, eine andere Chronik teilt mit: «*Anno 1349 jar giengen umb 400 gaisler, auch verprant man die juden zuo Augspurg.*» So wird hier ein für die Pestzeit typisches Verhaltensmuster greifbar.

Zur Zeit der Pest gab es 18 jüdische Familien in Augsburg, von denen die meisten an der *judengazzen* südlich der Bischofsstadt wohnten; das «Stadtbuch» erwähnt ein eigenes jüdisches Bad, eine *schuol* und ein *tantzhus*; ihre Toten bestatteten sie auf einem eigenen Friedhof vor dem Heilig-Kreuzer-Tor. Da ihnen die Handwerke verschlossen waren, lebten sie von Geldgeschäften. In den Juden verfolgte der Mob vermeintlich Schuldige am «großen Sterben» – und wurde nebenbei lästige Gläubiger los. Die Seuche galt als Gottesstrafe: Der Herr, so glaubte man, war durch unchristlichen Lebenswandel und die Duldung der «Christusmörder» herausgefordert worden und hatte deshalb die apokalyptischen Reiter losgesandt, um Stadt und Land zu züchtigen.

Dieselbe Logik trug zur Entstehung der Geißlerbewegung bei, deren Anfänge bis ins 13. Jahrhundert zurückreichen (in Augsburg ist ihr frühester Auftritt für 1261 belegt). Während der Zeit des Schwarzen Todes aber wurden die Züge der Flagellanten mit ihren öffentlichen Bußübungen zu einem Massenphänomen. Die finsteren Gesellen wirkten wie Vorboten des Jüngsten Gerichts; man meinte, das Ende aller Tage sei gekommen, war doch der Pest ein Erdbeben vorausgegangen, von dem auch Augsburger Quellen berichten. Die Reden der Flagellanten weckten hohe Erwartungen, steigerten die Erregung aufs höchste.

Die Geißler wurden ihrerseits bald unterdrückt und aus den Städten verwiesen, da sie nicht mehr beherrschbare Massenbewegungen hervorriefen. Zwei reiche Augsburger Bürger, Heinrich Portner – ein Chronist sagt, er hätte Hof gehalten wie ein Graf – und sein gleichnamiger Sohn verschätzten sich allerdings gründlich, als sie die allgemeine Erregung nutzen, um einen Umsturz anzuzetteln. Der Rat schlug ihren Versuch, eine Signorie nach italienischem Muster zu errichten, hart nieder.

Soziale und kulturelle Folgen der Pest

Es ist nicht einfach, die wirtschaftlichen und sozialen Folgen der Pest einzuschätzen. Die Steuerbücher lassen keinen Rückgang der Einwohnerzahl erkennen. Auffällig ist aber eine Zunahme der Neubürger – ein Hinweis auf die auch anderswo zu beobachtende Landflucht. In den Städten herrschte nach den Seuchen und Hungerkrisen der ersten Hälfte des 14. Jahrhunderts (nicht erst seit 1348!) Mangel an Arbeitskräften, so daß Zuwanderer zunächst willkommen waren. Zwischen den Löhnen der Handwerker und der Landarbeiter zeigen sich große Unterschiede. Die Städter profitierten außerdem von den niederen Preisen der landwirtschaftlichen Produkte; den Immigranten blieben indes meist einfachere, schlecht bezahlte Arbeiten vorbehalten. Die Handwerke fürchteten Konkurrenz und errichteten immer höhere Hürden für «Ausländer». Viele mußten ihr Geld als Tagwerker, Totengräber oder «Nachtkönige», wie man die Leute nannte, die Aborte auszuleeren hatten, verdienen; auch im Weberhandwerk dürften viele untergekommen sein. Sie ließen sich vor allem in den Vorstädten nieder.

Die Pest trug dazu bei, daß sich die Abstände zwischen Arm und Reich vergrößerten. Einerseits wuchsen die Unterschichten durch die Zuwanderung vom Land an; zugleich nahm in den Oberschichten die Kapitalkonzentration zu. Denn die Seuchenzüge töteten zwar Menschen, aber – anders, als das in Kriegen der Fall ist – sie vernichteten weder Güter noch Geld. So überrascht nicht, daß auch in der düsteren Epoche des Schwarzen Todes Stiftungen getätigt und Kunstwerke in Auftrag gegeben wurden.

Der Umbau des Domes im aktuellen gotischen Stil, der seit den zwanziger Jahren unter dem energischen Kustos und späteren Bischof Marquart von Randegg in Angriff genommen wurde, entspricht diesem Muster. Auf Marquarts Initiative geht die Errichtung des reich mit Figuren geschmückten Südportals und des mächtigen Hochchores zurück, der seit 1356 emporwuchs und die Reichsstraße fortan zu einem großen Bogen zwang. Zum Ausgleich wurde den Bürgern ein Durchgangsrecht eingeräumt, das formal bis 1821 bestand. Zur Finanzierung des

Der Augsburger Dom. Kolorierter Stahlstich von H. Hügel nach Vorlage von Julius Lange. Mitte 19. Jahrhundert.

Baues steuerten die Geschlechter der Stadt, die Öfelin, die Dachs, Ilsung und Schweingen Mittel bei, später halfen auch die Zünfte. Der Kapellenkranz, der um den Chor gelegt wurde, bot der Stiftungstätigkeit der Bürgerschaft die Räume: Hier ließen sich Altäre errichten und Figuren aufstellen, man konnte darin Messen lesen und Familiengräber ausheben. Die guten Werke waren Investitionen ins Seelenheil, um das sich die Menschen in jener «Zeit der Angst» tiefe Sorgen machten.

«Zunftrevolution»

In den Unruhen, von denen die Seuchenzüge begleitet wurden, traten meist Handwerker als Akteure in den Vordergrund. Auch die «Zunftrevolution» am 22. und 23. Oktober 1368 war kein Aufstand der Armen. Vielmehr waren es einige Führungsfiguren, die eine ihrer gewachsenen wirtschaftlichen Bedeutung entsprechende politische Mitsprache einforderten. In die direkte Vorgeschichte des Umsturzes gehört Unzufriedenheit mit der Schuldenlast, die durch die Außenpolitik des Rates angewachsen war und zu Steuererhöhungen geführt hatte. »*Groz folk*» sei «*gewappent*» auf dem Perlach zusammengelaufen, schreibt ein Chronist; man habe die Schlüssel der Stadttore gefordert. Außerdem wurden die Verfügung über das Massenmedium Sturmglocke und die Auslieferung der Symbole der Ratsherrschaft – das Stadtrechtsbuch und die Siegel – verlangt.

Nach dem Vorbild anderer Städte errichteten die Handwerker also eine Eidgenossenschaft. Sie bildeten 17 Zünfte: einige Handwerke – etwa Weber, Salzfertiger, Bäcker und Metzger – begründeten eine eigene Zunft, in anderen Zünften wurden mehrere Berufe vereinigt. Während die Kaufleute dazu bereit waren, eine Zunft zu bilden, schloß sich das Patriziat zum Stand der «Herren» zusammen: jene Leute, die in den Quellen bisher als *cives*, *pociores* oder einfach als die «Witzigsten» begegnen. Nur wenige der 51 Geschlechter zogen es vor, in die Kaufleute-Zunft einzutreten. 1383 umschrieb eine Ratssatzung den Kreis der Geschlechter, in den man fortan allein durch Geburt gelangen konnte.

Die Patrizier blieben in die neue Ordnung einbezogen. Die «Herren» stellten einen der beiden Bürgermeister; nahezu ein Drittel der Sitze im Kleinen Rat, der 44 Mitglieder hatte, war dem Patriziat vorbehalten. Auch im Großen Rat mit seinen zwischen 180 und 260 Mitgliedern saßen Vertreter aller Stände. Die Dominanz der Zünfter, unter denen die Kaufleute die erste Geige spielten, verstärkte sich zwar bis zum Ende des 14. Jahrhunderts, doch schied das patrizische Element nie völlig aus der Stadtpolitik aus. Die Macht konzentrierte sich im Ausschuß der «Dreizehner», dem die Inhaber der wichtigsten Ratsämter angehörten. Sie verkörperten mit der Zeit die «Obrigkeit» der Stadt.

Mit dem Zunftbrief vom 16. Dezember 1368 hatten die Augsburger ein politisches Meisterstück gefertigt. Ohne, daß ein Tropfen Blut vergossen worden wäre, war eine Verfassung installiert worden, welche die wichtigsten politischen Kräfte integrierte. Karl IV. hat sie gegen hohe Geldzahlungen bestätigt; den Augsburgern kam dabei zugute, daß der Herrscher enorme Summen für den Erwerb der Mark Brandenburg benötigte.

Im Schwäbischen Städtebund

Die außenpolitischen Herausforderungen allerdings waren für den neuen Rat von Anfang an dieselben geblieben, denen sich schon das Regiment der Geschlechter gegenübergesehen hatte; das bedeutete, daß die kostspieligen Rüstungen fortgesetzt wurden. Waffentechnisch brachte man sich auf den neuesten Stand: Kaum an die Macht gekommen, füllten die Zünfter das Arsenal mit Steinbüchsen, Salpeter und Schießpulver. Zugleich ging die Stadt an den Aufbau einer eigenen Waffenproduktion.

Die neuen Waffen dürften schon 1372 zum Einsatz gekommen sein, als Streitigkeiten mit den bayerischen Herzögen zu einem regelrechten Krieg eskalierten. Die Quellen berichten von Raubzügen der Augsburger Streitmacht, die dem Befehl des *Condottiere* Friedrich von Teck unterstellt wurde. Unter einem Banner aus roten, grünen und weißen Seidenstreifen – die Stadtfarben werden hier zum ersten Mal faßbar – drangen die Augsburger tief in bayerisches Gebiet vor. Erst 1374 verglich man sich mit den Herzögen, nach Prinzipien, die ein Chronist bündig umschreibt: «*Schad gen Schad, prand gen prand, tod gen tod, und all gefangen warn ledig von paiden tailen.*»

Die Augsburger Chroniken des ausgehenden Mittelalters zeigen ein auf den ersten Blick wirres Durcheinander von Belagerungen, Beutezügen, von Mord und Brand. Es geht nicht nur gegen die bayerischen Herzöge, sondern auch gegen Ritter der Umgebung, die, oft im Einverständnis mit den Fürsten, von ihren Burgen aus die Wege unsicher machten. Die blutigen Raufereien zwischen «Raubrittern» (der Begriff ist nicht zeitgenössisch), Fürsten und Bürgern waren die Geburtswehen neuer Formen von Staatlichkeit, in denen die Kombattanten ihren Platz suchten. Um nichts anderes wurden die Kriege der Epoche letztlich geführt. Dem Königtum gelang es nicht, die Kontrahenten in regionale Landfriedensbündnisse zu zwingen; so entwickelten sich Sicherheitssysteme «unterhalb» der Reichsebene, Rittergesellschaften und Städtebünde. Unter letzteren kam dem 1376 in Ulm verabredeten Schwäbischen Bund besondere Bedeutung zu.

Augsburg trat ihm nicht gleich bei; immerhin verbot die Goldene Bulle solche Vereinigungen. Andererseits mußte die Politik des Kaisers Befremden wecken. Um den Erwerb der Kurmark zu finanzieren, belegte Karl «seine» Städte mit drückenden Abgaben. Alarmierend war, daß er einige Städte verpfändete, als Geld für die Königswahl seines Sohnes Wenzel aufgetrieben werden mußte. Auch die einträgliche Augsburger Landvogtei geriet so in bayerische Hände. Das Maß war voll, als Wenzel (1378 bis 1400) dieselbe Politik verfolgte und gegen Bargeld auch noch die Stadtvogtei – jenes rechtliche Kleinod, dem die Stadt ihre Freiheit verdankte – an Leopold III. von Österreich übertrug. Damit fand sich Augsburg unvermittelt an der Seite der bayerischen Herzöge, Habsburgs Intimfeinden; der Rat gewann so aber den Spielraum, sich der Eidgenossenschaft der schwäbischen Städte anschließen zu können. Im Innern hatten die Bürger damit Bischof Burkhard von Ellerbach zum Feind, der Mitglied der «Gesellschaft der Löwenritter» war, sich auf die Seite der Fürsten schlug und die Stadt befehdete. Die reagierte hart: Der Rat zwang alle Kleriker und Nonnen unter das Bürgerrecht und verlangte die Entrichtung von Steuern. Wer sich nicht fügte, mußte auswandern. So wurde die geistliche Sonderstruktur für einen Moment getilgt; doch schon 1382 vermittelte der Städtebund einen Waffenstillstand.

In den folgenden Jahren machte der Bund große Politik. Die Schwaben schlossen Allianzen mit dem Rheinischen Städtebund und mit Schweizer Städten; auch versuchten sie, sich Spannungen unter den Fürsten zunutze zu machen und vereinbarten sich mit dem Salzburger Fürstbischof. König Wenzel gelang es nicht, sich als Mittler zwischen den Parteien zu etablieren. Die Siege der Schweizer bei Sempach und Näfels über Habsburg dürften die Bereitschaft der Städte gefördert haben, die große Auseinandersetzung zu wagen. Als Herzog Friedrich von Bayern den Erzbischof von Salzburg festsetzte und Handelsware sequestrierte, standen die Zeichen auf Krieg. Mit der Fehdeansage des Städtebundes an Bayern, im Dezember 1387, zerbrach auch der «unnatürliche» Frieden zwischen Augsburg und den Herzögen.

Die Stadt am Lech, neben Ulm und Nürnberg das mächtigste Mitglied des Bundes, rückte nun wieder ins Zentrum des Geschehens. Hier sammelte sich 1388 das Heer der Alliierten; es sollte durch Bayern marschieren und Regensburg decken. Bis vom Rhein und aus dem Elsaß, aus ganz Schwaben und Franken kam ein gewaltiges Aufgebot an Reitern und Fußvolk zusammen, *«all gewauppend, und der was als vil, daz man vor nie gehört hett, daz in Auspurg nie als vil folks komen wer»*. Der Krieg faserte zu einer Folge von Strafexpeditionen und Überfällen aus. Die Parteien setzten inzwischen neben ihren *püchs* auch *katzen*, Geschütze, ein. Als Bischof Burkhard, *ain rechter böswicht*, wie ihn ein anonymer Augsburger Chronist nennt, Warenballen aus Venedig und Weinfässer beschlagnahmte, ließ der Rat zur Vergeltung bischöfliche Gebäude, darunter auch die *müntzschmitten*, einreißen.

Am 23. August kam es westlich von Stuttgart, bei Döffingen, zur großen Kraftprobe. Das Städteheer wurde von der Streitmacht der Fürsten unter Graf Eberhard III. «dem Greiner» von Württemberg vernichtend geschlagen. Die Städte sollen 800 Mann verloren haben. Hauptleute Augsburgs gerieten in Gefangenschaft und mußten freigekauft werden.

Merkwürdig, daß die Schlacht von Döffingen in Augsburgs Chronistik nur nebenbei erwähnt wird. Dabei war sie ein entscheidendes Ereignis. Die Städte waren zwar nicht völlig besiegt; ihre wirtschaftliche Bedeutung sicherte ihnen nach wie vor Einfluß, und ihre Befestigungen waren mit den Mitteln der damaligen Militärtechnik kaum zu überwinden. Aber der Versuch, eine gewissermaßen horizontale, genossenschaftliche Machtstruktur in das Reichsgefüge einzuziehen, war ein für allemal gescheitert. Daß eine solche Option nicht ganz außerhalb des Möglichen lag, zeigte die Schweizer Eidgenossenschaft.

Fürs erste mußte Augsburg hohe Entschädigungen zahlen. Doch bewahrte die Stadt ihre Rechtsstellung; sie gewann bis zum Ende des Jahrhunderts sogar noch ein Mitspracherecht bei der Einsetzung des Vogtes hinzu. Während des Schismas kam es erneut zu Spannungen zwischen Stadt und Bischof. Ein Jahrzehnt lang, zwischen 1413 und 1423, stritt man um die Besetzung des Augsburger Bischofsstuhles, als König Sigismund dem vom Domkapitel gewählten Mann einen eigenen Kandidaten entgegenstellte. Die Augsburger hielten es mit dem Reichsoberhaupt, ihr Geld tat ein übriges. Der vom Konzil neu gewählte Papst Martin V. setzte den Bischof des Domkapitels ab. «Gott war auf der Seite der aufsteigenden Wirtschaftsmacht» (Karl Schnith).

Die Textilstadt

Allerdings verschlang die Behauptung als Stadt des Königs astronomische Summen. So geriet der Etat in Schieflage, 1397 mußte das Ungeld, eine Verbrauchssteuer, erhöht werden. Darauf brachen Unruhen aus; beim Barfüßerkloster versammelten sich bewaffnete Handwerker. Vor allem Weber traten unter ihnen hervor. Tatsächlich hatte sich in der Weberei, dem bei weitem wichtigsten Handwerk im spätmittelalterlichen Augsburg, eine von Armut und Hunger bedrohte Unterschicht gebildet, die, so meint der Chronist, gern dazu bereit war, «*ain mord*» anzuzetteln, nur, um ihrer Geldschuld ledig zu werden.

Von keinem anderen Gewerbe ernährten sich so viele Leute wie von der Textilherstellung. Ein wachsendes Heer von Spinnerinnen im Umland arbeitete den Augsburgern in die Hände, Färber, Tuchscherer und Schneider produzierten in Symbiose mit dem Schlüsselhandwerk der Stadt, die sich zu einer der Textilmetropolen des Reiches entwickelte. Seit den siebziger Jahren des 14. Jahrhunderts hatte sich die Weberei von Barchent, ein Mischgewebe aus Leinen und Baumwolle, durchgesetzt. Die Tuche wurden zum Motor der Wirtschaft und zum bei weitem wichtigsten Exportgut der Stadt. Neben dem Textilsektor konnte allein die seit langem etablierte Lederverarbeitung einen gewissen Rang behaupten. Die Metallgewerbe hatten nur lokale Bedeutung, doch kündigt sich der Aufstieg der Goldschmiede und des übrigen Kunsthandwerks allmählich an.

Die Bedeutung der Weberei fand ihren Ausdruck im großen, gegenüber der Kornschranne bei St. Moritz gelegenen Zunfthaus, das die Korporation 1389 erworben hatte und repräsentativ ausgestalten ließ. 1457 leistete sie sich eine aufwendige Gestaltung der Zunftstube, die der Maler Peter Kaltenhofer besorgte. Zu dieser Zeit hatte die Zunft etwa 750 Meister, am Ende des Jahrhunderts werden gut 1000 in die Weberzunft eingeschrieben sein. Schon damals dürfte mehr als ein Drittel der Augsburger direkt oder indirekt von der Textilproduktion abhängig gewesen sein. Konjunkturschwankungen machten sich dementsprechend rasch bemerkbar; immer wieder schlitterte das Handwerk in Überproduktionskrisen. Die aktive Rolle der

Weber in der Ungeldrevolte von 1397 erscheint im Rückblick als erster Hinweis darauf, daß das wichtigste Augsburger Handwerk nicht gesund war.

Doch ließ sich im Textilsektor auch viel Geld verdienen. Am Ende des 14. Jahrhunderts war der zweitreichste Augsburger der Barchentverleger und Bürgermeister Johann Mangmeister; die Arzt, Hörwart, Rem oder Gossembrot hatten die Anfänge ihrer Vermögen buchstäblich «erwoben».

Wirtschaftlicher Aufstieg

Augsburgs ökonomischer Aufstieg wurde durch ruhigere politische Verhältnisse begünstigt. Die Bürger setzten auf Kaiser Sigismund, der sie mit zahlreichen Privilegien bedachte und daher in der Chronistik viel bessere Noten erhält als Karl IV. Der Chronist Burkhart Zink, der den Herrscher persönlich kennengelernt hatte, urteilte, er sei «*dieser erwirdigen stat günstig und hold*» gewesen.

Nach den Erfahrungen des vergangenen Jahrhunderts trieb die Stadt eine vorsichtige Außenpolitik. Sie unterstützte Sigismund immer wieder mit Geld und stellte auch ein Kontingent für den fünften Hussitenkreuzzug, das sich indes in der Schlacht von Taus (14.8.1431) vor allem dadurch hervortat, daß es sich an die Spitze der Fliehenden setzte und so der Katastrophe entging. Zwar versagte sich die Stadt den Reichsreformbestrebungen Sigismunds nicht ganz, war aber zurückhaltend, wenn es um die Vereinbarung von Bündnissen mit anderen Städten oder gar mit Rittergesellschaften ging. Mit Bayern pflegte Augsburg in jenen Jahrzehnten gute Beziehungen; die Stadt konnte sich sogar in der Rolle der Vermittlerin bei diversen Streitigkeiten zwischen den Wittelsbacher Linien sonnen.

Eine strukturelle Ursache des wirtschaftlichen Erfolgs war Augsburgs Verkehrslage. Die Stadt war eine Art Vorort Italiens, des wichtigsten Wirtschaftsraumes der damaligen Welt. Noch galt Nürnberg als Zentrum der süddeutschen Hochfinanz; doch schickte Augsburg sich an, die Spitzenposition zu erobern. Die Karg zählten um 1400 zu den Bankiers der Kurie, die Meuting engagierten sich als Finanziers Sigmunds von Tirol und gewannen so die Erträge der Schwazer Silberbergwerke; das Ge-

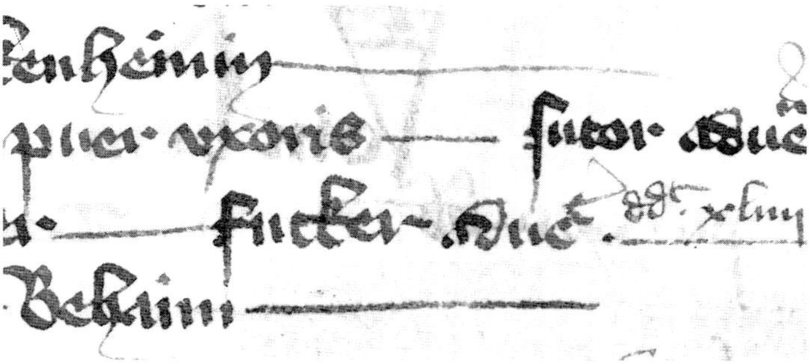

«Fucker advenit»: Erwähnung der Niederlassung des Webers Hans Fugger im Steuerbuch von 1367.

schäftsmodell machte Schule. Bald begegnen Firmen, deren Namen bis heute mit dem Mythos des «Goldenen Augsburg» verbunden sind, die Höchstetter, die Sulzer, vor allem aber die Welser – und die Fugger.

Der magische Name tritt zuerst mit dem Steuerbuch von 1367 in die Welt. Es heißt darin lapidar: «*Fucker advenit*». Die Notiz meldet die Ankunft des Webers Hans Fugger aus einem Flecken des Umlandes, wahrscheinlich dem Dorf Graben. Auch Fugger betätigte sich als Barchentverleger; bei seinem Tod um 1408 hinterließ er bereits ein hohes Vermögen. Schon seine Söhne Andreas und Jakob d. Ä., «Stammväter» der fuggerschen Linien «vom Reh» und «von der Lilie», zählten zur Geldelite der Stadt.

Der Horizont der Augsburger weitet sich nun ins Große. Rom, Mailand und Genua, Lyon, Paris, Brügge und Antwerpen, selbst London – das waren die Grenzorte ihrer *mental map*. Als ihr Zentrum erscheint Venedig, die glitzernde Stadt an der Adria, von der aus der Blick übers östliche Mittelmeer geht und bis in den fernen Orient; von hier kam auch die Baumwolle, der Treibstoff für Augsburgs Ökonomie. In ihrem Lebensstil glichen sich die alten und neuen Reichen dem Adel an. Augsburg wurde nun, im «Herbst des Mittelalters», zur Bühne prunkvoller Ritterturniere. Eine Erinnerung daran könnte ein heute im Maximiliansmuseum befindliches Fresko mit Szenen eines Ritterkampfes darstellen.

Die Zeit des Wirtschaftsaufschwungs wurde zu einer großen Bauepoche. In den Jahrzehnten nach der «Zunftrevolution» hatten die wichtigsten Korporationen ihrer gewachsenen politi-

Stadtwappen mit «Wilden Männern» an der Ostfassade des Rathauses. Um 1450.

schen Bedeutung angemessene Häuser errichtet. Bei St. Moritz wurde ein repräsentatives Tanzhaus gebaut. Die erste Nachricht, daß Straßenpflaster gelegt wurde, stammt von 1416. Im selben Jahr ließ der Rat den ersten von mehreren Wassertürmen am Haunstetter Tor, dem späteren «Roten Tor», bauen; das technische Großprojekt, die Stadt über Pumpwerke und Holzröhren mit Wasser zu versorgen, war kurz zuvor in Angriff genommen worden. Die Fassaden der Patrizierpaläste überzogen sich allmählich mit farbenfrohem Freskenschmuck. 1385 wurde mit dem Bau eines neuen Rathauses begonnen; neben ihm wurde 1412 dem Perlachturm «*das türnlein mit der stund gloggen*» aufgesetzt. So hatten die Augsburger endlich – und verspätet gegenüber anderen Städten – ihr bürgerliches Zeitmaß, in Konkurrenz zum Rhythmus, den der Schlag der Kirchenglocken gab.

An der Ostfassade des neuzeitlichen Rathauses ist noch das Relief mit dem Stadtwappen zu sehen, das sich einst über dem Portal des Vorgängerbaues befand. Die lateinische Aufschrift ist ein politisches Manifest. Sie lautet: «*Christe tibi gloria in Augusta retia vrbe vere regia*», «Ruhm Dir, Christus, in Augsburg, der wahrlich königlichen Stadt.» Das war doppelsinnig gemeint. Augsburg feierte sich in seinem Glanz und betonte seine verfassungsrechtliche Stellung als Stadt des Reiches.

Augsburg war damals eine mondäne Metropole. Kein Wunder, daß die *Jeunesse dorée* der Umgebung in die Reichsstadt kam, um sich bei Ritterspielen und Tanz zu vergnügen – empfiehlt doch schon Oswald von Wolkenstein, «*gen Augspurg zu den freulin zart*» zu fahren. Bei einer solchen Gelegenheit entspann sich die ebenso romantische wie tragische Liebesgeschichte zwischen dem bayerischen Prinzen Albrecht und der schönen Bürgerstochter Agnes Bernauer, angeblich der Tochter eines Baders, eines Mannes also, dessen Handwerk am Rande der Ehrbarkeit stand. Das Paar heiratete in aller Heimlichkeit, bald kamen Kinder zur Welt. Dem Vater, Herzog Ernst, gelang es indes, die Frau in seine Gewalt zu bringen. Die *Mesalliance* bedrohte aus seiner Sicht die Macht der Dynastie. Die Bernauerin wurde der Zauberei angeklagt und am 12. Oktober 1435 bei Straubing in der Donau ertränkt. Ihre Kinder legitimierte der Papst 1448.

Der hingerichtete Bürgermeister Ulrich Schwarz. Zeichnung in der Chronik des Burkhard Zink. Nach 1478.

Kriege und Krisen

Seit etwa 1440 kam die wirtschaftliche Entwicklung ins Stokken. Die Barchentproduktion ging zurück, die Zahl der Meister sank; die Hochfinanz erlitt schwere Einbußen, die Armut wuchs an. Die sehr detaillierte Bettelordnung von 1459 zeigt, wie man versuchte, der Bettler Herr zu werden. Krisensymptom ist auch die Stigmatisierung der etwa 300 Augsburger Juden. Sie wurden 1434 dazu verpflichtet, einen gelben Stoffring als *zaichen* auf ihre Gewänder zu nähen. Vier Jahre darauf wurden sie aus der Stadt vertrieben; sie ließen sich in den Dörfern der Umgebung nieder.

Die Krise wurde 1449 durch das Engagement Augsburgs an der Seite des Schwäbischen Städtebundes gegen den Markgrafen von Ansbach verschärft. 1462 eskalierten die Spannungen zwischen Städten und Fürsten erneut, als Augsburg – diesmal, in Umkehr der Allianzen, auf Druck Kaiser Friedrichs III. an der Seite des Markgrafen – gegen Bayern in den Krieg zog. Der Rat unternahm große Rüstungsanstrengungen; selbst in Zürich wurden Söldner angeworben. Der Krieg lief nach dem üblichen Muster ab. Die Dörfer der Umgebung gingen in Flammen auf. Das Dorf Göggingen wurde dabei zu einem «schwäbischen Alamo»: Nur acht Mann sollen hier einen Turm gegen eine gewaltige Übermacht heldenhaft verteidigt haben (deshalb wurden dem Ortswappen 1837 acht Schwerter eingefügt). Die Mauern Augsburgs aber hielten allen Angriffen stand. Am Ende konnte der Städtebund zwar die Restitution der von den Bayern besetzten Reichsstadt Donauwörth durchsetzen, doch gewann Herzog Ludwig das bischöfliche Lechhausen. Es wurde nun zum bayerischen Grenzort gegenüber Augsburg. Der Stadt wird es auch in Zukunft nicht gelingen, sich ein nennenswertes Territorium (wie es Ulm, Rothenburg oder Nürnberg besaßen) zu erwerben. Aber sie kann bis zum Ende der langen Regierungszeit Friedrichs III. (1440–1493) ihre reichsrechtliche Stellung weiter festigen.

Gravierend waren die Auswirkungen von Depression und Kriegen auf die innere Situation. Die Quellen vermelden zu 1466 wieder Unruhen unter den Handwerkern; die Diskussion um Steuern und Abgaben mündete in eine Legitimationskrise der Oligarchie. Hinter den Kulissen trugen die führenden Clans einen erbitterten Machtkampf aus, aus dem zunächst der charismatische Bürgermeister Ulrich Schwarz, ein Zimmermann, als Sieger hervorging; 1476 entmachtete er die Geschlechter. Er wurde, wie der Chronist Hector Muelich rückblickend urteilte, «*so gewaltig, das kainer in Augspurg nie so gewaltig was gewesen*». Bei seinem Putsch hatte er sich auf die kleineren Zünfte gestützt; so geriet er endgültig in Gegensatz zu den alten Oligarchen: Die Balance von 1368 war dahin.

Auslöser seines raschen Sturzes wurde ein schwerer taktischer Fehler. Als Johann Vittel, ein Exponent der Opposition, versuchte, am Kaiserhof Unterstützung gegen Schwarz zu mobilisieren, ließ der Bürgermeister ihn und seinen Bruder Leonhard Anfang April 1478 enthaupten. Damit hatte er den Bogen überspannt. Die Gegner schalteten sofort die Reichsgewalt ein. Wenige Tage nach der Hinrichtung sprengten Bewaffnete des kaiserlichen Landvogts eine Ratssitzung und nahmen Schwarz und einige seiner Anhänger gefangen. Am 18. April 1478 mußte der gerade noch Allmächtige das Schafott vor der Judenbastei besteigen. Man versagte ihm die «vornehme» Hinrichtung durch das Schwert, knüpfte ihn vielmehr auf wie einen Dieb. Die alte Ordnung wurde wiederhergestellt. Der Stabilität der Verfassung war förderlich, daß auch die Wirtschaft seit den siebziger Jahren wieder Tritt gefaßt hatte.

MDXX

Die reichste Stadt der Welt

Die Gottesstadt

1457 wird zum ersten Mal das Bild Augsburgs greifbar. Hector Muelich gibt es in seiner Abschrift der Stadtchronik Sigismund Meisterlins. Die Zeichnung zeigt, von Osten her, ein mittelalterliches *Manhattan*, Türme über Türme, die wie Finger zum Himmel deuten: Zu erkennen ist der mächtige, auf Anregung Kaiser Sigismunds 1438 errichtete «*Lueginsland*»-*Turm*, wir sehen die Domtürme, die den 1431 geweihten Hochchor der Kathedralkirche flankieren. Im Zentrum ist der gerade fertiggestellte Glockenturm des Rathauses zu erkennen, daneben der Perlach-*Campanile*, das Würdezeichen der Bürgerstadt. Das turmgeschmückte Benediktinerkloster St. Ulrich und Afra wird sich allmählich zur dritten «staatlichen» Einheit auf Augsburger Boden entwickeln, aber erst 1643/44 die volle Reichsstandschaft erringen.

Augsburg präsentiert sich als Stadt des Heils, als türmereiches Abbild Jerusalems. Ihren Bischof mochten die Bürger mit Feuer und Schwert bekriegen, sie mochten ihn *böswicht* nennen und *maynaidig* – fromm, tief erfüllt von Jenseitsangst und Heilssehnsucht waren sie allemal; nicht zuletzt daraus bezogen die Auseinandersetzungen zwischen Bürgertum und Kirche ihre explosive Kraft.

Die Suche nach Heil erfolgte, wie oft in Krisenzeiten, an der Kirche vorbei, etwa durch Versuche, sich der Gottheit durch mystische Versenkung zu nähern – ohne Rituale als Krücken und Priester als Wegweiser. Die Kirche sah dergleichen mit Argwohn. Der Staat stand ihr indes an Eifer nicht nach, wenn es darum ging, das Gemeinwesen «rein» zu halten und Gottes Zorn abzuwenden. Schon in der einzigen größeren Ketzerverfolgung, die Augsburg erlebte, war es nicht der Bischof, sondern der Rat, der auf Härte drang. 1393 waren 50 «*grueblins lewt*» (wahrscheinlich handelte es sich um Waldenser) dazu verurteilt

Albrecht Dürer (Werkstatt), Jakob Fugger der Reiche. 1520.

worden, sich gelbe Ketzerkreuze auf Brust und Rücken zu heften; einige hatten sich mit dem notorisch geldbedürftigen Bischof um eine Strafe von 70 Gulden verglichen, das Schandzeichen ablegen zu dürfen. Der Rat stellte sich gegen diese Lösung. Er sorgte dafür, daß fünf der Unterhändler auf den Scheiterhaufen geschickt wurden und die anderen ihre Kreuze weiter tragen mußten. Derselben Linie entsprach die Vertreibung der Juden oder, 1491, ein Stadtverbot für Beginen, denen unterstellt wurde, sie trieben Zauberei.

Die Stigmatisierung, Vertreibung, manchmal die physische Vernichtung des «Anderen» war eine häßliche Begleiterscheinung der Formierung der Gottesstadt. Die Konstruktion der Heilsgemeinschaft war indes nicht allein die Unternehmung einer Obrigkeit, die sich gegenüber Gott in der Verantwortung für das Seelenheil der Untertanen wußte. Ebenso entsprach sie der Sehnsucht der Menschen, die sich ihrerseits auf alle mögliche Weise um Heil bemühten. Sichtbarer Ausdruck ist die im 15. Jahrhundert enorm zunehmende Zahl an Stiftungen. Vor allem die Spitäler und die Bettelorden profitierten davon. Die Stadt baute so ihr karitatives System aus, investierte in die Ausbildung des Nachwuchses und, vor allem, in die Fürbitte durch die Mönche. Ein noch sichtbares Dokument bürgerlicher Stiftungstätigkeit der Zeit um 1420 ist die mit Fresken geschmückte «Goldschmiedekapelle» bei St. Anna.

Natürlich setzten Rat und Bürger alles daran, Einfluß auf die geistlichen Institutionen zu gewinnen. Im Fall der alten Stifte, St. Peter, St. Moritz, und des Domkapitels gelang das nicht; letzteres blieb eine Domäne des Adels und wehrte sich entschieden gegen die Infiltration von Augsburger Bürgern. Anders lagen die Dinge bei den Spitälern, den Bettelordensklöstern und bei den Pfarreien. Zum wichtigsten Instrument der Einflußnahme hatten sich die von Bürgern beherrschten Pflegschaften entwickelt; über sie nahmen Laien die Aufsicht über alle Fragen des kirchlichen Lebens wahr (Rolf Kießling). Die Pflegschaften verwalteten die Stiftungsvermögen, hatten Mitsprache bei Geldanlagen und versuchten, Reformen voranzutreiben. Sie kauften Kerzen. Sie sorgten dafür, daß die ewigen Lichter nicht verloschen.

Besonderes Augenmerk legte der Rat auf die Verkündigung von Gottes Wort. Gute Prediger brachten Geld in die Klingelbeutel. Ihre Rede stellte Öffentlichkeit her und war schon deshalb eine politisch sensible Veranstaltung: Sie konnte disziplinieren, aber sie konnte auch Aufruhr bewirken. Vor allem aber war die Predigt für die Unterweisung in den Doktrinen des Glaubens von größter Bedeutung, weit wichtiger als die Lektüre, denn die große Mehrheit der Menschen konnte ja nicht lesen. Doch hatten die Bürger bei der Einstellung von Pfarrern und dem Engagement von Predigern nicht die letzte Entscheidung. Jakob Fugger der Reiche mußte sogar Kaiser und Papst mobilisieren, um eine Prädikatur bei St. Moritz mit einem Kandidaten seiner Wahl besetzen zu können; dabei hatte er selbst die Finanzmittel dafür gestiftet. Die Realisierung der Gottesstadt erscheint als unaufhörlicher Prozeß des Aushandelns, in dem es um symbolisches Kapital und wirkliches Geld ging, vor allem aber und immer um den Platz der Religion im Leben.

Stadt der Humanisten und der Bücher

Die ersten Regungen der humanistischen Kultur standen nicht in grundsätzlichem Widerspruch zur Religion. Der Humanismus erscheint als einer der Orientierungsversuche des Menschen in einer sich rasch wandelnden Welt. Die Krisenerfahrung konnte dazu veranlassen, die kurze Spanne des Daseins zu nützen, sich des Schönen, das es bot, zu vergewissern; die Geheimnisse der Natur und des Menschen zu erforschen, ohne daß dies Abkehr von Gott zur Folge haben mußte. Augenfällig wird die veränderte Perspektive auf den Menschen durch die Kunst des naturnahen Porträts, das mit den van Eyck und in der italienischen Frührenaissance seinen Durchbruch erlebt. Der erste Augsburger, von dem wir wissen, wie er «wirklich» aussah, ist der junge Georg Fugger, den Giovanni Bellini 1474 porträtierte. Der neuzeitliche Säkularisierungsprozeß wurde durch die *studia humanitatis* vor allem deshalb vorangetrieben, weil die Auseinandersetzung mit der Antike das Spektrum der Themen, denen sich die Intellektuellen zuwandten, außerordentlich verbreiterte: Neben den theologischen Diskurs schoben sich Erörterungen über die unterschiedlichsten Gegenstände, über Malerei, Skulptur und Architektur, über Ackerbau, Geschichte, Naturwissenschaften und Politik. Auch Maler und Dichter eroberten sich neue Themen. Schon die Porträtkunst ist nichts anderes als ein großer Diskurs über den Menschen. Das Vordringen volkssprachlicher Texte signalisiert, daß sich die Kunst des Lesens allmählich verbreitete.

Die «Diskursrevolution», wie man diesen Vorgang nennen könnte, stand mit dem Strukturwandel der Medien in einer Wechselbeziehung. Sie hat die Erfindung des Buchdrucks mit beweglichen Lettern vielleicht nicht als zwingende Folge gehabt, aber doch dazu beigetragen, daß ein Markt entstand, auf dem sich die epochale Erfindung Gutenbergs rasch durchsetzen konnte. Augsburgs Geschichte führt diese welthistorisch bedeutsamen Entwicklungen wie in einem Brennglas vor Augen.

Da sind zunächst die frühen Humanisten. Auch in Augsburg sind die Anfänge ständeübergreifend, und sie sind keineswegs nur laizistisch. So treten neben dem Patrizier Gossembrot und dem Stadtarzt Hermann Schedel ein Bischof, Kardinal Peter von Schaumberg (1424–1469), und ein Abt hervor – Melchior von Stammheim, der, als Reformer und Bibliophiler, die große Zeit des Klosters St. Ulrich und Afra einleitete.

Die Anfänge des Augsburger Buchdrucks sind mit Günter Zainer verbunden, der 1467 von Straßburg zuwanderte und eine Offizin einrichtete, die vor allem für kirchliche Kreise arbeitete. Mit den «*Meditationes vitae Christi*» nahm die Geschichte des Augsburger Buchdrucks 1469 ihren Anfang. Zainers 1471 geschnittene «Type 3» zählt zu den ältesten deutschen Antiquaschriften. Erhart Ratdolt importierte modernstes Antiqua-Design aus Venedig und entwickelte es in Augsburg zu einer herrlichen, monumentalen Schrift weiter.

Um die Jahrhundertwende war Augsburg einer der bedeutendsten Verlagsorte Europas. Bis zu Zainers Todesjahr, 1478, wurden nicht weniger als neun Druckereien eingerichtet; einige mußten allerdings rasch wieder Konkurs anmelden. Eine Ausnahmestellung hatte die Stadt als Zentrum der deutschsprachigen Literatur; sie wurde durch den Druckerherrn Johannes Schönsperger d. Ä. begründet. Zwischen 1480 und 1500 waren drei Viertel der Buchproduktion in der Volkssprache; der Verleger setzte, da die Stadt keine Universität beherbergte, auf ein Laienpublikum. Einige Texte wurden zu regelrechten Bestsellern. Der deutsche «Aesop» zum Beispiel brachte es auf 22 Auf-

Druckermarke Günter Zainers.

lagen, ein Beleg für das Vordringen der humanistischen Kultur in breitere Kreise. In Kaiser Maximilians Auftrag brachte Schönsperger den «Theuerdank» heraus. Das mit Holzschnitten Hans Burgkmairs, Leonhard Becks und anderer ausgestattete Werk zählt zu den großartigsten Buchkunstwerken der Renaissance.

Die Entdeckung der Anfänge

Charakteristisch für den Augsburger Frühhumanismus war die Auseinandersetzung mit der Geschichte. Keine andere deutsche Stadt hat eine ähnlich reiche Chronistik hervorgebracht. An der Schwelle zur Neuzeit wurden die Anfänge gesucht. Im Auftrag des reichen Patriziers Peter Egen zimmerte der Kleriker Küchlin seine Reimchronik; der Benediktiner Sigismund Meisterlin schrieb für Gossembrot ein Geschichtswerk, das dann von Hector Muelich, einem Kaufmann, fortgeführt wurde. Auch Muelichs Werk fand Fortsetzer. Eine Generation gab der anderen ihre Erinnerungen weiter; manche Autoren, so Burkhart Zink, der seiner Chronik autobiographische Notizen einfügt, treten uns als Individuen vor Augen.

Und sie fragen nach den Anfängen ihrer Stadt. Küchlin meinte, ihre Entstehung gehe auf Trojaner, die in alle Welt und so auch nach Schwaben geflohen seien, zurück. Andere verlegten Augsburgs Ursprünge in die Zeit unmittelbar nach der Sintflut und rückten sie so an den Beginn der Geschichte überhaupt. Noch im späten 16. Jahrhundert wurde die Erzählung geglaubt,

Hans Holbein d.J., Der Augsburger Goldschmied Jörg Seld. Silberstiftzeichnung, 1497.

in Augsburgs Frühzeit habe eine gewaltige Schlacht zwischen den Ur-Augsburgern und einem wilden Heer von Amazonen stattgefunden. Die streitbaren Frauen hätten das nachsintflutliche Augsburg erobert und in Schutt und Asche gelegt. Darauf sei die Stadt von den Überlebenden neu errichtet worden.

Sintflut und Trojanischer Krieg galten den Chronisten als historische Ereignisse – die frühesten, von denen man Genaueres zu wissen meinte. Sie waren die Urkatastrophen, sozusagen die *big bangs* der Geschichte. Um die Partikel, die sie über die Erdscheibe geschleudert hatten, um die Entronnenen, die Flüchtlinge, hatten sich in den Augen vieler Chronisten Städte und Staaten kristallisiert, wo sich das Menschengeschlecht auf seinen langen Weg zum Heil machte. Hier kam die unendliche Regression von Geschichten und Vorgeschichten an einen Ruhepunkt.

Meisterlin war ein politisch denkender Historiker. Er nutzte die Geschichte, um Augsburgs Reichsfreiheit zu begründen. Die Vindeliker, argumentiert er, seien keineswegs von Rom unterworfen worden – vielmehr hätten sie mit Kaiser Augustus eine «*aynung*», einen Bündnisvertrag, gemacht; Augsburg, bis dahin «*Widerstreberin*», sei nun zu «*Augusta*», der «*Mehrerin*» des Reiches geworden. Niemals, so suggerierte Meisterlins Konstruktion, war die Stadt einem Fürsten untertan gewesen; selbst ihrem Herrn, dem Kaiser und Herrscher des Erdkreises, hatte sie sich freiwillig verbunden. Konrad Bollstadter, Autor einer Weltchronik, die auf Meisterlin aufbaute, brachte die Sache auf den Punkt: Augustus habe seine Stadt «*gefreit, damit sie eine Hauptstadt des Reiches sein solle in den Landen*».

Das «Goldene Augsburg»

Die Basilika, die heute den Prospekt der Maximilianstraße nach Süden abschließt, wurde ab 1474 errichtet. Ein Jahrhundert lang hat man an der Kirche gebaut; den Schlußakzent setzte 1594 der von einer Zwiebelhaube bekrönte Turm. St. Ulrich und Afra, der letzte große Bau der Spätgotik in Schwaben, wurde zum Pantheon der Stadtheiligen und zu einem Museum der Malerei und der Skulptur.

Augsburgs Kunstproduktion erreichte damals europäisches Niveau. Am Ende des 15. Jahrhunderts war ein halbes Hundert Maler in die Zunft eingeschrieben, unter ihnen der ältere Hans Holbein: Eines seiner schönsten Bilder, die «Muttergottes auf dem Altan» von etwa 1518, zeigt unverkennbar den Einfluß der italienischen Renaissancemalerei. Ob Holbein ein solches Bild malen konnte, ohne jemals im Süden gewesen zu sein? Sein gleichnamiger Sohn, der 1497 oder 1498 im Lechviertel geboren wurde, brachte den Namen der Augsburger Malersippe zu Weltruhm, wenngleich nicht im Dienst der Reichsstadt, sondern in Basel und schließlich am Hof Heinrichs VIII. von England.

Aus Ulm wanderten Bildhauer zu: Hans und Adolf Daucher und, 1494, Gregor Erhart. Mit Jörg Seld tritt ein bedeutender Goldschmied hervor; Holbein fertigte 1497 ein Silberstift-Porträt des damals 43jährigen. Von Selds Hauptwerk, einem Silberretabel mit Szenen aus der Passion Christi, ist freilich nicht ein-

Die «Fuggerhäuser» am Weinmarkt (heute Maximilianstraße), mit Fresken Ferdinand Wagners (1860/65). Photographie von Carl Jochner, vor 1875.

mal eine Abbildung erhalten. Angeregt von der Venedig-Ansicht Jacopo de' Barbaris, schuf er 1521 den großen Vogelschauplan Augsburgs, die erste Vedute dieser Art, die nördlich der Alpen entstand.

Die wachsende Zahl an Kunstaufträgen spiegelt den wirtschaftlichen Aufschwung wider, der im letzten Drittel des 15. Jahrhunderts eingesetzt hatte. Es war eine Periode dynamischer Expansion und raschen Bevölkerungswachstums. Schon um 1500 dürfte Augsburg über 25 000 Einwohner gezählt haben. Das Steuervermögen der Bürger hat sich allein zwischen 1470 und 1500 vervierfacht. Allerdings war es allein eine Handvoll «Superreicher», höchstens 200, 300 Leute, von denen das Bild des «Goldenen Augsburg» geprägt wurde. Sie waren es, die der Kunstmetropole das finanzielle Fundament legten. Augsburg wurde damals wichtigster Finanzplatz der Christenheit und bedeutendstes Handelszentrum Mitteleuropas. Schon Papst Pius II. war die *Augusta* als reichste Stadt der Welt erschienen.

Die Reichsten der Reichen waren um die Jahrhundertwende

die Gossembrot und die Rehlinger. Doch traten nun immer entschiedener die Häuser Fugger und Welser in den Vordergrund. 1494 schlossen die Brüder Ulrich, Georg und Jakob Fugger aus dem Zweig «mit der Lilie» einen Gesellschaftsvertrag; 1498 entstand die Firma Anton Welser, Vöhlin & Co. Ihre Manager erkannten bald die Chancen, die sich aus Vasco da Gamas Entdeckung des Seeweges nach Ostindien ergaben. 1503 schlossen sie mit der portugiesischen Krone einen Vertrag, der ihnen eine Schlüsselstellung im Gewürzhandel sicherte, und richteten eine Faktorei in Lissabon ein; kurz darauf taten die Fugger es ihnen gleich. Beide Häuser, daneben die Höchstetter und die Gossembrot, investierten in die Handelsflotte, die sich 1505 auf den Weg in den Fernen Osten machte. Es sei, wie der Stadtschreiber Dr. Conrad Peutinger stolz notierte, *«uns Augspurgern ains groß Lob, als die ersten Teutschen, die India suchen»*. Die Expedition erbrachte gewaltige Gewinne. Der Welser-Faktor Balthasar Sprenger, der sie begleitet hatte, verfaßte nach seiner Rückkehr einen Reisebericht, den Hans Burgkmair illustrierte.

Die Fugger

Der Aufstieg des Fugger-Konzerns zur für einige Zeit bedeutendsten Wirtschaftsmacht der Welt beruhte auf mehreren Voraussetzungen: auf dem traditionellen Warenhandel, auf dem Bank-und Wechselgeschäft, vor allem aber auf Beteiligungen an Bergwerken und dem Handel mit Kupfer und Silber. Die Engagements waren nur möglich durch geradezu symbiotische Allianzen mit der Politik. Folgenreich war die Verbindung mit dem Landesherrn von Tirol, Sigmund «dem Münzreichen». Die Fugger finanzierten ihm seine kostspielige Außenpolitik und seine prunkvolle Hofhaltung; im Gegenzug brachten sie die Erträge des Tiroler Silber-und Kupferbergbaus an sich. Die Abdankung des überschuldeten Fürsten ließ Jakob Fugger geschehen; dafür knüpfte er mit Erzherzog Maximilian, der dem habsburgischen Vetter 1490 nachfolgte, eine um so festere Verbindung. Als Maximilian 1493 zum König gewählt wurde, rückte Fugger zum wichtigsten Bankier des Reichsoberhauptes und seines Hauses auf. Von nun an verflochten sich die Schicksale beider, der Fugger und der Habsburger, immer enger.

Die Fugger brachten indessen nicht nur den gesamten Bergbau Tirols in ihre Hände. Nach und nach gewann das Unternehmen die Kontrolle über die Silber-und Kupferproduktion Kärntens, Thüringens und Ungarns. 1498 baute Ulrich Fugger mit den Gossembrot, Herwart und einer Tiroler Gesellschaft das erste Kupfererzsyndikat der Wirtschaftsgeschichte zusammen. Mit Hilfe weiterer Kartellabsprachen sicherten sich die Fugger auch in Zukunft eine monopolartige Stellung im europäischen Metallgeschäft.

Über ihre Nürnberger Faktorei faßten die Fugger in der Papstfinanz Fuß; mit dem Jubeljahr 1500 wurde auch das äußerst profitträchtige Ablaßgeschäft als neuer Unternehmenszweig eingerichtet. Außerdem übernahm das Haus einige Jahre lang die Verwaltung der Zecca, der päpstlichen Münze. Römisches Geld erhielt so die Handelsmarke der Fugger, Dreizack und Ring, eingepunzt.

Hinter der aggressiven, spektakulär erfolgreichen Unternehmensstrategie der Firma stand das Wirken eines legendenumwobenen Mannes: Jakob (II.) Fugger (1459–1525), den man ehrfürchtig «den Reichen» nannte. Unter ihm entwickelte sich die Fugger-Gesellschaft zu einem weltweit operierenden Konzern; die kollegiale Struktur wich nach dem Tod der Brüder Ulrich und Georg (1506 bzw. 1510) einer monarchischen Organisation. Als «Regierer» hatte Jakob Fugger hier in allem das letzte Wort.

Er ist der archetypische Bankier und Unternehmer. Hart und fleißig, von kontrollierter Kühnheit und überragender strategischer Intelligenz, brachte er es zum reichsten und wahrscheinlich mächtigsten Mann seiner Zeit. Sein Gewinnstreben hat etwas Unheimliches und doch Faszinierendes; Fugger verkörpert zum ersten Mal den Kapitalismus als weltbezwingende Gewalt. Ein Porträt, das Dürer entwarf, scheint zu bekräftigen, was die Schriftquellen über den Herrn des Geldes berichten. Es zeigt Fugger mit einer golddurchwirkten venezianischen Netzhaube, einem Zeichen seines Standes (Abb. S. 90).

Über seinen weitreichenden Aktivitäten hatte der Konzernchef die nähere Umgebung nicht aus den Augen verloren. Er hatte sich als Sicherheiten Grundbesitz und Herrschaftsrechte überschreiben lassen; dazu kamen Titel: 1511 wurde er in den

Adelsstand erhoben, bald folgte der Reichsgrafenrang. Um reine Prestigeinvestitionen handelte es sich bei den Immobilienkäufen keineswegs; sie standen eher im Dienst einer Diversifizierung der Geschäftsbereiche. Die Latifundien wurden geschickt bewirtschaftet und warfen gute Gewinne ab. Was ein Fugger anpackte, er machte es ganz.

In Augsburg selbst ließ er zwischen 1512 und 1515 einen repräsentativen Palast errichten. Ein zeitgenössischer Besucher, Antonio de Beatis, gibt einen ersten Eindruck wieder: «*Man erblickt hier den Palast der Fuccari*», notiert er, «*der einer der schönsten Deutschlands ist, reich geschmückt mit weißem und farbigem Marmor. Seine auf die Straße gehende Fassade trägt Historienbilder, reich an Gold und satten Farben. Sein Dach besteht ganz aus Kupfer.*» De Beatis fiel vor allem das kostbare Material auf, über das der Besitzer des Palasts seine ökonomische Potenz und seinen Rang zur Schau stellte: Marmor, Gold, Kupfer. Er vermerkt auch, daß einige der Gemächer «nach italienischer Art» gestaltet seien. In der Tat hatte Jakob Fugger, der seine Ausbildung zum Kaufmann in Venedig und Rom erfahren hatte, den modernen Renaissancestil gewählt, um sich dem Publikum zu präsentieren. Der «Damenhof» der «Fuggerhäuser» zeigt das erste Stück profaner Renaissancearchitektur, das auf deutschen Boden gelangte.

Kaufleute und Patrizier

Die Fugger der Generation Jakobs II. standen nach Vermögen, politischem Einfluß und Habitus zwischen Patriziat und Adel. Sie waren Bürger Augsburgs und zugleich etwas Anderes, «Besonderes». Jakob hatte zwar einen Sitz im Rat, mischte sich aber in die Politik der Reichsstadt nicht nachhaltig ein; anders als Cosimo de' Medici in Florenz war der Augsburger Tycoon niemals heimlicher Stadtherr. Mit dem Ratsherrn und Bürgermeister Ulrich Arzt, dessen Familie seine Frau Sibylla entstammte, hatte Jakob Fugger allerdings einen zuverlässigen Sachwalter seiner Interessen im Rat.

Die Kaufleute hatten sich nach der Niederschlagung des Schwarz-Putsches zu einer eigenen Korporation verbunden; ihnen stand die Herren-Gesellschaft gegenüber. Man traf sich zu

Geschlechtertanz. Gemälde eines unbekannten Künstlers, 1500.

Tanz, Geselligkeit und gewiß auch allerlei Mauscheleien im Tanzhaus oder in den Stuben, die unweit des Rathauses eingerichtet waren. Die beiden Gruppierungen waren aber nicht streng voneinander abgeschlossen, es kam durchaus zu Heiratsverbindungen zwischen Angehörigen der beiden Stuben. Für Leute, die durch eine solche Ehe den Zugang zur Herrenstube erlangt hatten, bürgerte sich die Bezeichnung «Mehrer» ein. Eine Reihe von Gemälden dokumentiert das zentrale gesellschaftliche Ereignis, den «Geschlechtertanz», in dem sich «Herren» und «Mehrer» zusammenfanden.

Die Herren und die reichen Kaufleute agierten als die bestimmenden Kräfte in der Stadtpolitik. Der von ihnen geprägte Rat entwickelte sich immer eindeutiger zu einer «Obrigkeit» von Gottes und des Kaisers Gnaden, die sich in der Verantwortung für den gemeinen Nutzen und das Seelenheil ihrer «Untertanen» wußte. Außenpolitischen Rückhalt fand Augsburg im 1488 begründeten «Schwäbischen Bund», dem sich die Ritterschaft und auch der Bischof angeschlossen hatten. Gegen die expansive Politik Bayerns gegründet, entwickelte sich der Bund in den ersten Jahrzehnten zu einem Machtfaktor ersten Ranges in Süddeutschland; Augsburg, wo seit 1512 das Bundesgericht tagte, gewann eine Führungsrolle darin. Zentral aber blieb die Allianz mit dem Reichsoberhaupt. Mit keinem anderen Herrscher verband Augsburg eine vergleichbar enge, man könnte beinahe sagen: emotionale Beziehung, wie mit Maximilian I.

Der «Bürgermeister von Augsburg»

Maximilian reiste so oft in die Stadt seiner Bankiers, daß Franz I. ihn einmal spöttisch den «Bürgermeister von Augsburg» nannte. Mit Kardinal Matthäus Lang, dem Bischof von Gurk, hatte der Kaiser einen Augsburger in seiner engsten Umgebung; ein weiterer prominenter Rat des Königs war der Jurist Dr. Conrad Peutinger, die bedeutendste Gestalt des Augsburger Humanismus, Sammler antiker Münzen und Skulpturen, Editor römischer Inschriften und dazu ein Politiker von Format.

1501 erwarb Maximilian bei Hl. Kreuz ein Haus. Die lokale Tradition will, daß der Rat ihm nicht weit davon eine eigene Pforte in die Ringmauer brechen ließ, durch die er nach der Jagd noch nachts in die Stadt gelangen konnte: den «Alten Einlaß», den zu erwähnen kaum ein Reisebericht vergißt. Die Mauerpforte gewann legendären Ruf, weil sie sich Besuchern wie von Geisterhand öffnete; man vermutete ein geniales Kunststück der Feinmechanik. Tatsächlich agierten zwei verborgene «Schließer».

Die Fuggerei: Blick durch die Herrengasse zu St. Markus.

Die Überlieferung hat Maximilian, den «letzten Ritter», in guter Erinnerung. Sie weiß davon, daß er an Geschlechtertänzen teilnahm, läßt ihn auf dem Fronhof beim Dom Ritterturniere abhalten. Die staunenden Bürger erleben farbenfrohe Inszenierungen einer späten, schon künstlich gewordenen ritterlichen Kultur, die ihre Wurzeln in Burgund hat. Aber Maximilian ist auch für die neuen, von Italien ausgehenden geistigen Bewegungen offen. 1517 krönt er Ulrich von Hutten in Augsburg zum *poeta laureatus*, und er plant hier auch die Gründung einer Akademie für klassische Sprachen.

Mit Maximilians Regierung setzt die Reihe von Reichstagen ein, die das Augsburg des 16. Jahrhunderts zur Bühne der großen Politik werden lassen: 1500 jene Versammlung, auf dem die Kreiseinteilung des Reiches und die Errichtung des Reichsregiments beschlossen wird; der Reichstag von 1510, auf dem es um den Krieg gegen Venedig geht; schließlich der von 1518. Die Versammlung steht ganz im Zeichen des Ringens um die Nachfolge auf dem Kaiserthron. Albrecht Dürer war damals in Augsburg; er hat den alten Kaiser «*hoch obn awff der pfaltz in seinem kleinen stüble*» gezeichnet. Auch Jakob Fuggers Porträt entstand bei dieser Gelegenheit. Im September 1518, ein paar Monate vor seinem Tod, soll der Kaiser mit bewegten Worten Abschied genommen haben. «Nun gesegne dich Gott, du liebes Augsburg, und alle frommen Bürger darinnen. Wohl haben wir manchen frohen Mut in dir gehabt, nun werden wir dich nicht mehr sehen.»

Die Fuggerei

Den Ausschlag für die Wahl von Maximilians Enkel Karl von Spanien zum Kaiser des Heiligen Römischen Reiches – Ende Juni 1519 – gab Augsburger Geld. Jakob Fugger organisierte ein Konsortium, das die erforderlichen Mittel zusammenbrachte: exakt 851918 Gulden, eine astronomisch hohe Summe; fast 544000 Gulden davon stammten aus Fuggers eigenen Kassen. Der Handelsherr stand nun auf dem Höhepunkt seiner Macht. Für einen historischen Moment war er größer als der Kaiser. Wenig später hat Fugger sich nicht gescheut, Karl unverblümt darauf hinzuweisen, wem er seine Krone verdankte.

Man darf sich vom Glanz der äußeren Stellung «des Reichen» allerdings nicht blenden lassen. Er war so «gegenwärtig», ja modern auf dem Bildnis Dürers, ein Mensch des späten Mittelalters, voller Gewissensnot und Angst um sein Seelenheil. Zwischen 1509 und 1518 ließ er für sich und seine Brüder bei den Karmelitern von St. Anna in Formen der andalusischen Renaissance eine aufwendige Grabkapelle errichten. Für die Ausstattung lieferte neben anderen Dürer Entwürfe.

Eindrucksvollstes Zeugnis von Fuggers Glauben an die rechtfertigende Wirkung guter Werke ist jedoch die «Fuggerei», die älteste Sozialsiedlung der Welt. Die Dimension der Stiftung entsprach der Bedeutung des Auftraggebers. Seit 1514 hatte Fugger Grund in der Jakober Vorstadt erworben; bis 1523 entstand hier eine Anlage von 53 gleichförmigen Häusern, jedes mit zwei Wohnungen – eine kleine Stadt in der Stadt, ein christliches Utopia mit schnurgeraden Straßen, das sein architektonisches Vorbild vielleicht in niederländischen Beginenhöfen hat. Die Häuser wurden «*fromen Armen taglönern vnd handtwerckern*» um einen rheinischen Gulden im Jahr vermietet. Der Mietzins war nicht nur eine symbolische Abgabe; ein Taglöhner mußte ein paar Wochen dafür arbeiten. Für eine Wohnung mit vergleichbarem Komfort war sonst gut das Dreifache aufzubringen. Dafür mußten sich die Begünstigten schriftlich verpflichten, den Stifter und seine Brüder in ihre Fürbitte einzuschließen. Heute stehen die Wohnungen gegen eine Jahresmiete von 88 Cent unbescholtenen Katholiken, die über 55 Jahre alt sein müssen, zur Verfügung.

Erinnerungsort der Reformation

Die Anfänge der Reformation

Jakob Fuggers Stiftungen sind nichts anderes als besonders spektakuläre Artikulationen derselben frommen Sehnsucht, die die entscheidende Voraussetzung der Reformation war. Luther und seine Anhänger werden allerdings genau jene Maschinerien der Heilsproduktion, die hier in Bewegung gesetzt wurden, ablehnen. Die Reformation erscheint als antiritualistische Revolte (Mary Douglas); sie lehnte bestimmte äußere Formen und Rituale ab, um an deren Stelle Glauben – also psychische Arbeit – und die präzise Lektüre der Heiligen Schrift zu setzen. Hier berührten sich ihre Ziele mit jenen der Mystik und mit den philologischen Bestrebungen der Humanisten, die ihrerseits über eine Reform der Kirche diskutierten.

Luther hatte sich nach dem Reichstag von 1518 im Fuggerpalast einem Verhör durch den päpstlichen Legaten, den Dominikanergeneral Kardinal Cajetan, gestellt. Der Reformator verweigerte den Widerruf; er mußte Augsburg fluchtartig verlassen, da Verhaftung drohte. Seiner Sache nutzte dann, daß nach Kaiser Maximilians Tod die Frage der Nachfolge alles andere überschattete; das scheinbar unbedeutende Problem um einen häretischen Mönch trat hinter der großen Politik zurück.

Die Geschichte der Augsburger Reformation zeigt, wie wichtig der Zeitfaktor für die Ausbreitung und den Erfolg der Bewegung war. Luthers Lehren verbreiteten sich, während Kaiser und Papst in andere Angelegenheiten verstrickt waren. Augsburg mit seiner einzigartigen Verlagslandschaft wurde in der Anfangszeit der Reformation nach Wittenberg zum zweitwichtigsten Druckort von Luthers Schriften. Die Anhängerschaft des Reformators wuchs; vor allem in den Bettelorden stieß seine Lehre auf Sympathie. Zu Fronleichnam 1521 erreichte sie das Herz der alten Kirche: Der Domprediger Urbanus Rhegius vertrat evangelische Anschauungen. Das Kapitel zwang ihn zur Resignation.

Tizian, Karl V. auf dem Schlachtfeld von Mühlberg. 1548.

Der Rat hingegen ließ die Dinge treiben. Ein Grund dafür war, daß sich Sympathien für Luther und andere Richtungen der Reformation in den entscheidenden Gremien mit katholischer Gegnerschaft die Waage hielten. Zum Bollwerk der alten Kirche wurden aus naheliegenden Gründen die Fugger. Die Liaison mit dem katholischen Habsburg war für das Haus seit der Investition in die Wahl Karls V. zur Schicksalsgemeinschaft auf Gedeih und Verderb geworden. Dazu kam, daß die Religiosität des alten Fugger tief im Glauben an die rechtfertigende Wirkung guter Werke wurzelte. Sein Unternehmen verdiente am Ablaßhandel viel Geld. Luthers Sermon vom Wucher mußte er als Kriegserklärung empfinden, zumal sich auf dem Wormser Reichstag die Diskussion um die «*Monopolia*» neu belebt hatte; sie eskalierte bald zu einem für die Handelsgesellschaften bedrohlichen Streit.

Andere Vertreter der Plutokratie wie die Herbrot und die Seitz neigten der Reformation in ihrer zwinglianischen Variante zu; auch in der Handwerkerschaft waren Sympathien mit dem Reformator Zürichs verbreitet. Die Welser verhielten sich zunächst abwartend. Am Ende entschieden sie sich für Luther. Die konfessionelle Struktur Augsburgs wird sich dann «entlang der bestehenden sozialen Beziehungslinien» fortpflanzen (Katharina Sieh-Burens).

Schilling-Aufstand und Bauernkrieg

Was die Eliten und weite Kreise der Handwerkerschaft verband, war die Furcht vor einem Aufstand des «Gemeinen Mannes». Der Wirtschaftsaufschwung, der das «Goldene Augsburg» trug, war ja keineswegs der ganzen Bevölkerung der Stadt zugute gekommen. In einem schlechten Erntejahr wie 1517 wäre es beinahe zu einer Hungerrevolte gekommen, ein Indiz dafür, wie brüchig der soziale Friede war. Die Predigten des Lesmeisters bei den Barfüßern, Johann Schilling, trafen jedenfalls auf offene Ohren. Schilling redete gegen die kirchliche Hierarchie, gegen die Macht des Rates. Und er griff «die Reichen» an: ließ sich – wie ein Chronist berichtet – vernehmen, «*als ob alle ding gemain sein sollen*».

Im Sommer 1524 spitzten sich die Dinge zu. Der Rat hatte den aufrührerischen Mönch kurzerhand aus der Stadt schaffen lassen; am 6. August jedoch rotteten sich Handwerker – tausend, vielleicht noch mehr – vor dem Rathaus zusammen und forderten den Schilling zurück. Die «*pfaffen*» verließen die Stadt, auch Jakob Fugger floh; nur durch den Aufmarsch von Söldnern konnte die Lage unter Kontrolle gebracht werden. Ohne viel Aufhebens wurden einen Monat später zwei Anführer der Revolte geköpft.

Noch 1524 brach der große Bauernkrieg aus. Oberschwaben stand in hellem Aufruhr, Klöster und Herrensitze gingen in Flammen auf. Der Rat nahm 400 Landsknechte in Sold, die nicht nur die Mauern bewachen, sondern auch die unruhige Bürgerschaft unter Kontrolle halten sollten; am 16. Oktober ließ er ein kaiserliches Mandat gegen den Besitz und Vertrieb lutherischer Schriften publizieren. Ausdruck der Pattsituation im Rat war, daß zugleich Rhegius wieder auftreten durfte, den man in der Hoffnung auf seinen mäßigenden Einfluß zurückgerufen hatte. Tatsächlich begann der Prediger am Nikolaustag 1524 mit der Lektüre der Paulusbriefe in deutscher Sprache. In welche Richtung seine Auslegung dieser für das lutherische Verständnis von Obrigkeit zentralen Passagen wies, läßt sich denken.

Inzwischen flohen Mönche und Nonnen aus den Klöstern der Umgebung nach Augsburg. Mitte März zogen Bauern vor Augsburgs Mauern. Sie versuchten, mit Umsturzwilligen in der Stadt – unter denen vor allem arme Weber hervortraten – Verbindung aufzunehmen; ein Sturmangriff auf die Befestigungen wäre chancenlos gewesen. Dennoch, die Situation erschien äußerst bedrohlich: «*Auserhalb der stat forcht und schrecken, in der stat sorg, angst und nott*», notiert Clemens Sender.

Im April 1525 wendete sich das Blatt. Am Lech marschierten bayerische Truppen auf, der Schwäbische Bund holte zum Gegenschlag aus. Auch Augsburg hatte Söldner aufgeboten, die im Bundesheer Seite an Seite mit bischöflichen Landsknechten kämpften; fuggersches Geld trug zur Finanzierung der Bundesarmee bei. Die Bauernhaufen waren dem professionellen Militär hoffnungslos unterlegen. In der Herrschaft Wurzach wurden einige Tausend niedergemacht; der «Weingartner Vertrag» vom Ostermontag 1525 beendete die Kampfhandlungen in Schwaben. In Tirol und in einigen ungarischen Bergwerksstädten gewannen Aufstände der Bauern und der Bergknappen indes erst jetzt an Dynamik. Sie richteten sich dort auch unmittelbar gegen den Großhandel; Faktoreien der Fugger wurden geplündert. Das Landesfürstentum gewann erst im folgenden Jahr wieder die Oberhand. Jakob Fugger muß in seinen letzten Lebenstagen das Gefühl gehabt haben, seine Welt breche in Trümmer. Im Palast am Weinmarkt ist er am 30. Dezember 1525 gestorben. Die Nachfolge als «*Regierer*» trat sein Neffe Anton an, unter dem die Firma den Zenit ihrer Bedeutung erreichen sollte.

Die Reformation entläßt ihre Kinder

Der große Bauernkrieg und die Schilling-Revolte hatten vor Augen geführt, welche Sprengkraft Luthers Frontalangriff auf die tausendjährige Autorität der römischen Kirche entfesselt hatte. Der Reformator selbst schlug sich auf die Seite der Fürsten, verband seine Sache mit der staatlichen Ordnung. Indes hatte die Reformation ihre Kinder entlassen: Sektierer und Propheten aller Art erhoben ihre Stimmen, in der Eidgenossenschaft und in Mitteldeutschland entstanden Täufergemeinschaften. Von Zürich aus verbreitete sich die Lehre Ulrich Zwinglis. Sie fand in Augsburg bald eine breite Anhängerschaft. Die Stadt entwickelte sich für einige Jahre zu einem Zentrum der Heterodoxie; angesichts der «weichen» Haltung des Rates hatten viele Glaubensflüchtlinge aus der Schweiz und von anderswoher hier Zuflucht gesucht. So wird schon um 1524 eine Augsburger Täufergemeinde faßbar.

Vor dem Hintergrund der Erfahrung des Bauernkrieges entschloß sich der Rat am Ende doch, durchzugreifen. Eine Versammlung süddeutscher Täufer, die sogenannte «Märtyrersynode» im Sommer 1527, bot den Anlaß dazu. Die Anführer wurden ins Gefängnis geworfen, dann der Stadt verwiesen; manchen schnitt man die Zunge ab oder brandmarkte sie. Der Prediger Hans Hut kam im Kerker, angeblich bei einem Fluchtversuch, ums Leben, 1528 wurde ein weiterer Täufer hingerichtet. Fortan sahen sich die «*Gartenbrüder*» (wie man die Täufer nannte, da sie sich gelegentlich in Gärten trafen) in den Untergrund verwiesen. Einzelne Gruppen mögen dort noch lange bestanden haben. Eine andere Strömung – der Spiritualismus, ein merkwürdiges Amalgam aus mystischem und reformatorischem Gedankengut – hatte noch um 1600 Anhänger in Augsburg.

Die Stadt blieb nun für lange Zeit ein vergleichsweise friedlicher Ort. Entscheidend dafür war, daß nicht nur die Bürgerschaft, sondern auch die Oligarchie religiös gespalten blieb. Vermittlungsbemühungen, unter denen die Versuche Conrad Peutingers, einen mittleren Weg zu bahnen, hervorstechen, blieben zum Scheitern verurteilt. Aber eine rigide Konfessionspolitik war angesichts der Machtverhältnisse nicht möglich. Augsburg hat sich nicht einmal der «*Protestation*» auf dem Speyrer Reichstag, die den Protestanten den Namen gab, angeschlossen. Der Prozeß der Konfessionalisierung führte in Augsburg dazu, daß sich protestantische und katholische Gruppierungen formten. Sie grenzten sich immer deutlicher gegeneinander ab und wachten zugleich argwöhnisch darüber, daß nichts «Drittes» entstand.

Derweil hatten die Evangelischen weiteres Terrain erobert. Reformatorisch gesinnte Prediger erklommen die Kanzeln des Karmeliterklosters St. Anna und der Barfüßerkirche, und sie gewannen die Nebenkirchen von Hl. Kreuz und St. Georg. Die Klosterkonvente schmolzen zusammen.

Die «Augspurgische Confession»

Die Herausbildung der Konfessionsgruppen hatte einen Prozeß der Selbstvergewisserung zur Voraussetzung: Die Predigt vermittelte das Wissen um Glaubenslehren, Riten und Symbole stifteten Identität, markierten die jeweils eigenen Räume. Die Herrschaft darüber zu gewinnen hieß, daß die Zeichen der «Anderen» beseitigt werden mußten. So kam es auch in Augsburg zur Zerstörung von Bildern, zuerst 1529; der Rat unterband solche Aktionen umgehend.

Die Konstruktion konfessioneller Identität erhielt auf dem Augsburger Reichstag von 1530 ein festeres Fundament. Es war eine glänzende Versammlung: «*Allenweil Augspurg gestanden ist*», urteilte Sender, «*ist nie sovil fremdes volck, aus so vil nationen zusamen komen.*» Das hochgesteckte Ziel des Kaisers war es, den Glaubensstreit durch Gespräche zu überwinden und die Einheit der Kirche wiederherzustellen. Die «*Confessio*

Georg Köler nach Michael Herr, Übergabe und Verlesung der Confessio Augustana an Karl V. auf dem Augsburger Reichstag von 1530.

Augustana», die der kursächsische Kanzler Bayer am 25. Juni 1530 im Kapitelsaal der bischöflichen Pfalz überreichte, war dafür zunächst nur als Diskussionsgrundlage gedacht gewesen. Das von Philipp Melanchton redigierte «Bekenntnis» faßte in 28 Artikeln die Grundsätze der evangelischen Lehre zusammen. Ein zweiter Teil behandelte die Mißstände in der Kirche. Die Protestanten hatten aber kein einheitliches Votum zustande gebracht; die Standpunkte lagen, insbesondere was die Abendmahlslehre anbelangte, weit auseinander. So überreichten Straßburg, Konstanz, Memmingen und Lindau eigene Bekenntnisse, die «*Confessio tetrapolitana*»: Zwingli übergab seine «*Ratio fidei*». Eine katholische Antwort, die «*Confutatio*», folgte umgehend.

Obwohl die Parteien wochenlang rangen, kam es nicht zur Einigung. Der Reichsabschied forderte im wesentlichen die Rückkehr zu den alten Verhältnissen; die Protestanten verweigerten die Zustimmung. So wurde der Reichstag zur

Wegscheide: Die Glaubensspaltung war nun Realität, der Weg der Gewalt rückte in den Bereich des Möglichen. Unmittelbar nach den Augsburger Entscheidungen wurde in Schmalkalden ein Bündnis protestantischer Fürsten und Städte geschlossen. Der Schwäbische Bund zerfiel. Die Hoffnung, eine Kirchenversammlung werde den großen Kompromiß finden, verflüchtigte sich mehr und mehr. Das 1545 eröffnete Konzil von Trient wurde nicht zum Forum des Ausgleichs, sondern zum wichtigen Faktor katholischer Erneuerung und des altkirchlichen Gegenangriffs.

Das «Augsburgische Bekenntnis» aber blieb die bis heute gültige Formulierung der lutherischen Glaubenslehre. Kein zeitgenössisches Bild gibt den welthistorisch bedeutenden Moment der Übergabe wieder. Dafür existiert eine Rekonstruktion, die der Zeichner Michael Herr über ein Jahrhundert später versuchte. Sie bot Georg Kölers Kupferstich, der sich als historisches Grundbild einprägte, die Vorlage.

Ratsreformation

Augsburg selbst akzeptierte die «*Confessio*» nicht sofort. Aber die Stadt hielt dem Druck Karls stand und verweigerte die Unterzeichnung des Reichsabschieds. Gegenüber Kaiser und Reich wolle der Rat sich in weltlichen Dingen gehorsam zeigen und darin eher mehr als zu wenig tun; in Fragen des Glaubens und damit des Gewissens aber pochte man auf die Freiheit des Christenmenschen.

Angesichts der Stimmung in der Stadt waren weitere Schritte unvermeidlich. Der Rat nahm immer mehr evangelische Prediger in Dienst, fast alle waren zwinglischer Ausrichtung. Ein zukunftsweisender Schritt war – 1531 – die Gründung einer städtischen Lateinschule im Gebäude des leerstehenden Karmeliterklosters St. Anna. Sie entwickelte sich allmählich zur protestantischen Kaderschmiede und wurde zu einem Zentrum philologischer Gelehrsamkeit und der astronomischen Forschung. Die katholische Seite wird erst ein halbes Jahrhundert später, mit der Gründung des Jesuitenkollegs St. Salvator, nachziehen.

Am 22. Juli 1534 verabschiedete der Große Rat nach intensiven Diskussionen ein Mandat, das den endgültigen Durchbruch der Reformation bedeutete. Die wichtigste Bestimmung war, daß fortan allein die vom Rat eingestellten, mithin von ihm kontrollierten Prediger den Glauben verkünden durften. Nur an den acht Stiften der Stadt blieb der katholische Gottesdienst erhalten. Kirchen und Klöster wurden geschlossen, einige Gebäude fielen der Spitzhacke zum Opfer. In den folgenden Jahren wurde das nicht dem Bischof gehörende Kirchenvermögen eingezogen und dem Bildungswesen und dem Almosen übertragen. Die Bücher der aufgelösten Klöster bildeten den Grundstock der städtischen Bibliothek, die bedeutende Gelehrte wie den Graecisten Hieronymus Wolf als Vorsteher erleben sollte.

1537 wurde der katholische Gottesdienst ganz unterbunden. Der Bischof und sein Domkapitel, die Mönche und Nonnen, die noch ausgeharrt hatten, gingen ins Exil. Der Rat machte, endlich im Besitz der Verfügungsgewalt über die religiösen Dinge, Ernst mit der Realisierung des spätmittelalterlichen Ideals der Gottesstadt. Zucht- und Polizeiordnungen unterwarfen die Lebensführung der Augsburger rigiden Normen. Um ihre Einhaltung mühten sich ein Ehegericht, sechs «Zuchtherren» und eine Zensurbehörde. Denunzianten und Spitzel berichteten ihrer Obrigkeit, was sie an Bedenklichem hörten und sahen.

Das kulturelle Klima in der Stadt wandelte sich. Die bunte Fülle spätmittelalterlichen Kirchenschmucks wich zwinglianischer Kargheit, eine schlichte Gottesdienstordnung trug dazu bei, daß fromme Gedanken nicht abgelenkt wurden. Die Künstler litten Mangel an Aufträgen. Einige reagierten auf die Marktsituation, indem sie sich profanen Sujets zuwandten. «In der Welt» hatte Freiheit, was im sakralen Bereich strengem Reglement unterzogen war; ein Monatsbild (vgl. die Abb. auf S. 128), das – wahrscheinlich – Heinrich Vogtherr d. J. um 1540 anfertigte, vermittelt allerdings keineswegs den Eindruck, die Stadtgesellschaft habe das gute Leben verlernt.

Schmalkaldischer Krieg und «Geharnischter Reichstag»

Bei allem reformatorischen Eifer wurden die Katholiken, schon aus wirtschaftlichen Gründen, nicht völlig ausgegrenzt. Eine Patriziervermehrung im Jahr 1538, die das Reservoir der Führungselite vergrößern sollte, brachte mit den Fuggern, den Imhof, Baumgartner und anderen Sippen auch Katholiken in die gesellschaftliche Spitzengruppe. Insofern blieb ein Rest der Räson der alten Zunftverfassung erhalten.

Heikel gestaltete sich das außenpolitische Szenario. Augsburg war 1536 dem Schmalkaldischen Bund beigetreten. Von Osten her drohte der bayerische «Traditionsgegner»; die Herzöge hatten sich früh auf die Seite der alten Kirche gestellt. Sie betrachteten das Ketzernest jenseits des Lech mit Argwohn. Als weiterer gefährlicher Feind erschien Bischof Otto Truchseß von Waldburg, ein gegenreformatorischer *hardliner*, der auf den ausgleichenden Humanisten Christoph von Stadion gefolgt war.

Im Sommer 1546 trieben die Dinge der Entscheidung zu, als Karl V. nach umfangreichen diplomatischen Vorbereitungen den Krieg gegen die Schmalkaldener begann. In Augsburg gewannen die Scharfmacher um den Zunftbürgermeister Jakob Herbrot die Oberhand. Die Ziele der Kriegspartei waren in erster Linie religiöser Natur: Sie hofften, die protestantische Revolution exportieren zu können, und sicher glaubten sie, bei diesem Unternehmen Gott auf ihrer Seite zu haben. Die katholischen Finanziers Habsburgs, allen voran die Fugger, gingen, ungeachtet eines Ratsverbots, ins Exil. Doch versahen sie Karl mit hohen Krediten für seinen Kampf um Glauben und Reich.

Die Entscheidung, an der Seite der Schmalkaldener in den Krieg zu ziehen, erwies sich als schwerer Fehler. Augsburg, dessen Stadthauptmann Sebastian Schertlin von Burtenbach die Infanterie der verbündeten Städte anführte, wurde in die Niederlage der Protestanten hineingezogen. Mann der Stunde war Karl V.; er schrieb einen Reichstag aus, auf dem die Religionsfragen nun in seinem Sinn geregelt werden sollten. Als Tagungsort wurde nicht ohne Bedacht eine Symbolstadt der Reformation gewählt: Augsburg.

Karl traf im Juli 1547 ein, über ein Jahr wird er diesmal bleiben. Mit ihm kamen die Kurfürsten und Fürsten, ebenso sein Bruder, König Ferdinand. Ein ungekrönter König war ebenfalls anwesend: der große Tizian, der am Rande des Reichstags Porträts des Kaisers und anderer Fürsten anfertigte. Darunter ist das berühmte, heute im Prado befindliche Reiterbild, eine Inkunabel von Karls Mythos. Es zeigt den Sieger von Mühlberg in einem Panzer des Augsburger Plattners Desiderius Helmschmied. (Abb. S. 106)

Die Versammlung von 1547/48 ist als «Geharnischter Reichstag» in die Geschichte eingegangen. Die Präsenz waffenklirrender kaiserlicher Landsknechte zerstreute alle Zweifel daran, wer nun in Stadt und Reich das Szepter führte. Den Protestanten wurde ein «Interim» – das bis zu endgültigen Entscheidungen des Trienter Konzils gelten sollte – aufgezwungen; Laienkelch und Priesterehe blieben erlaubt, im übrigen hat man die katholischen Glaubenslehren bestätigt und die alten Riten wieder eingeführt.

In Augsburg selbst wurden den Katholiken umgehend einige Kirchen zurückgegeben. Einschneidend waren die vom Kaiser veranlaßten Verfassungsänderungen. Im «Kleinen Rat» wurde dem Patriziat eine erdrückende Mehrheit eingeräumt. Der Geheime Rat – zwei Stadtpfleger und fünf «Geheime» – sollte fortan als eine Art geschäftsführender Ausschuß fungieren. Auch in diesem «Epizentrum» der Macht hatten die Patrizier das entscheidende Gewicht. Der «Große Rat» schließlich sollte künftig 300 Mitglieder, darunter 140 Handwerker, umfassen. Die Zünfte wurden aufgehoben, an ihre Stelle traten «Handwerke» ohne politischen Einfluß. Schließlich sei ein «*schimpflich ding*», ließen sich die Geschlechter verlauten, daß der grobe, unverständige Pöbel eine so «*uralte, mechtige und weitberümbte stat*» regiere...

Die Weisheit der neuen Regimentsordnung lag darin, daß sie Katholiken und Protestanten gleichermaßen Platz gewährte. In der Regel war der eine Stadtpfleger katholisch, der andere Protestant. Dem Großen Rat wuchs eine integrierende Funktion zu. Über ihn wurden den mehrheitlich protestantischen Untertanen die Maßnahmen der Obrigkeit vermittelt. Allerdings war an eine kompromißlose Umsetzung des Interims nicht zu denken, dazu war die Konfessionalisierung der Bürgerschaft zu weit fortgeschritten. Während des Augsburger Reichstages von 1550/51 setzte der kaiserliche Hofrat überraschend eine Befragung der Prediger an; sie zeigte, daß sich fast niemand den Regelungen des Interims zu fügen gedachte. Daraufhin wurden die meisten Prediger und die Schulmeister der Stadt entlassen.

Wichtigster Gegenstand dieses Reichstages war die Nachfolgefrage im Kaisertum gewesen. Karls Sohn Philipp war eigens nach Augsburg gereist (und wurde hier ebenfalls von Tizian porträtiert). Der spanische Infant sollte den deutschen Fürsten als Kandidat schmackhaft gemacht werden. Ungeachtet dessen, daß Karl länger in Augsburg blieb als jemals zuvor – von Juni 1550 bis November 1551 –, waren die Resultate der Versammlung mager. Nicht nur protestantische Reichsstände sahen Karls auf spanische Regimenter gestützte Macht mit zunehmender Sorge und verweigerten dem Kaiser die Gefolgschaft.

Noch einmal schien sich das Blatt für Augsburg zu wenden, als sich im Frühjahr 1552 einige Fürsten um Moritz von Sachsen

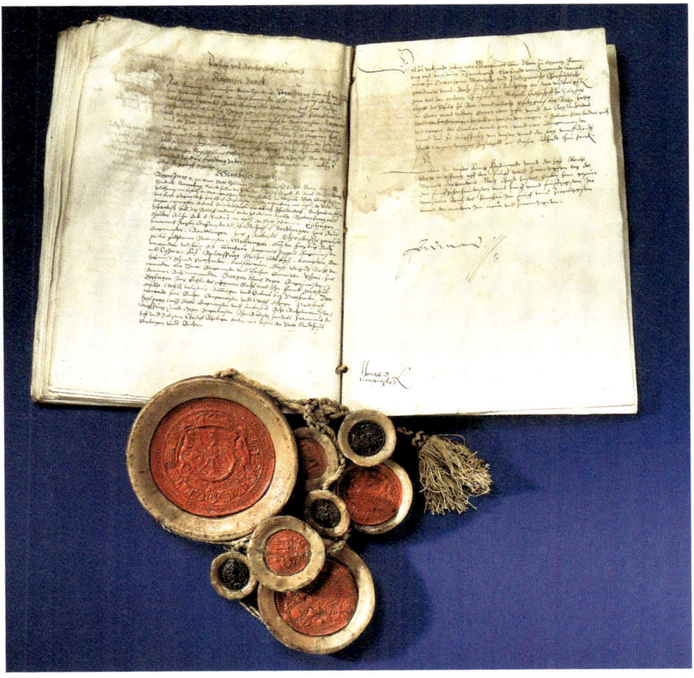

Der Augsburger Religionsfrieden von 1555. Originallibell mit Siegeln König Ferdinands I. und der Kurfürsten.

zum Aufstand gegen Karl entschlossen. Augsburg ließ sich in die «Fürstenrevolution» hineinziehen, es kam zu einer Renaissance der alten Zunftherrlichkeit. Sie blieb aber Episode. Ende August zog der Kaiser, dessen Rüstungen ein Darlehen Anton Fuggers ermöglicht hatte, mit starker Truppenmacht in Augsburg ein und sorgte dafür, daß das Regiment der Patrizier wiederhergestellt wurde. Um die Fürstenopposition völlig in den Staub zu werfen, reichten seine Kräfte allerdings nicht aus.

Der Weg zum Religionsfrieden war schon im «Passauer Vertrag» vorgezeichnet worden. Definitive Entscheidungen sollten aber erst auf einem Reichstag fallen. Der Kaiser zögerte, ihn einzuberufen, weniger aus politischen Gründen als wegen der «*scrupules de la religion*» – weil er Konzessionen an die Protestanten nicht mit seinem Gewissen vereinbaren konnte. So übertrug Karl die Vollmacht zur Führung der Reichstagsgeschäfte an seinen Bruder Ferdinand.

Der Reichstag von 1555 war alles andere als «glänzend». Viele Fürsten hatten nur ihre Räte entsandt, kein Kurfürst war persönlich anwesend. Es war eher eine «Juristenversammlung», die in Augsburg zu sehen war (Horst Rabe) – doch dürfte gerade darin eine Voraussetzung des Erfolgs gelegen haben. Die wichtigsten Inhalte des Religionsfriedens sind bekannt: Die «*Augspurgische Confession*» wurde reichsrechtlich anerkannt; andere Richtungen blieben verfemt. Die Entscheidung, welche Konfession gelten sollte, lag nun beim jeweiligen Landesherrn. In Reichsstädten, wo schon beide Konfessionen in Gebrauch gewesen waren, sollten die Bürger und Einwohner auch künftig «*friedlich und ruhig bei und nebeneinander wonen, und kein Teil des anderen Religion, Kirchengepreuch und Ceremonien abzutun oder ine darvon zu tringen understen*».

Der Augsburger Religionsfrieden wurde am 25. September im Saal des Rathauses feierlich verkündet. Er ist von weltgeschichtlicher Bedeutung. Nicht, weil er den Durchbruch toleranten Denkens signalisierte; er reflektiert eher den Zwang der Verhältnisse. Zukunftsweisend war, daß zum ersten Mal das Prinzip gleichberechtigter Koexistenz formuliert wurde, als einzig vernünftiger Option für die Beziehungen unter Menschen verschiedenen Glaubens. Daß es im Friedenswerk nicht völlig zum Durchbruch kam, sollte sich – viel später – verhängnisvoll auswirken. Zum Zankapfel wurde der «Geistliche Vorbehalt», ein einseitig vom Kaiser gegen das Votum der Protestanten dekretierter Artikel, nach dem ein geistlicher Fürst für den Fall einer Konversion zum neuen Glauben seine Würden und Herrschaften aufgeben mußte.

Auch für die Stadt, die seiner Verhandlung die Bühne gewährt hatte, leitete der Religionsfrieden eine lange Periode äußerer und einer freilich prekären inneren Ruhe ein. Schließlich wies er den Weg zur Präzisierung der evangelischen Dogmatik. Augsburgs Protestantismus kristallisierte nun zu lutherischer Form. Allein sie war durch den Frieden ja legalisiert worden.

Endspiel

Augsburgs Konquistadoren

Bis über die Mitte des 16. Jahrhunderts hinaus hatte es so ausgesehen, als setze allein der Himmel dem Wachstum der Augsburger Wirtschaft Grenzen. Augsburger Handelshäuser unterhielten Außenposten zwischen Lissabon, London und Budapest, zwischen Helsinki, Königsberg und Neapel. Auf dem Reichstag von 1530 war es mit Hilfe des Kaisers und argumentativer Unterstützung durch ein scharfsinniges, geradezu frühliberal tönendes Gutachten Peutingers gelungen, die Klage des Reichsfiskals gegen einige Gesellschaften niederzuschlagen und die Verabschiedung eines Antimonopolgesetzes zu verhindern, so daß die Expansion ungehindert weitergehen konnte.

Unter Bartholomäus V. Welser (1484–1561) erreichten die südamerikanischen Engagements der Augsburger ihren Höhepunkt. 1524 hatte die Firma auf Santo Domingo eine Faktorei eingerichtet; von hier aus wurde die Einfuhr von Zuckerrohr, Edelmetall und bald auch von Tausenden schwarzer Sklaven nach Europa organisiert. Schließlich versuchte die Gesellschaft, in der Neuen Welt ein Kolonialreich zu errichten. Auf der Grundlage einer Reihe von Verträgen mit Karl V. wurden den Welsern Konzessionen für große, unerforschte Gebiete im Norden Südamerikas übertragen. Ihre Flotte brachte Bergleute, Siedler und Soldaten ins Land, das man nach den Pfahlbauten der Indianer «Klein-Venedig», «*Venezuela*», nannte.

Eine systematische Erschließung des Gebietes gelang indes nicht. Ziel der Expeditionen, die unter dem rot-weißen Lilienbanner der Welser vorangetrieben wurden, war allein die Suche nach Gold. Wie der Zorn Gottes brachen die Deutschen über die Indianer herein. Nach dem Urteil des Historikers John Hemming dürften sie, um nichts besser als ihre spanischen Kollegen, Tausende hingemetzelt haben. Aber die Expeditionen der Kon-

Anthonis van Dyck, Georg Petel. Um 1622.

quistadoren – ein Trupp gelangte bis ins Amazonasgebiet – erbrachten keine konkreten Resultate. Sie endeten als traurige Prozessionen: Zerlumpt und gebrochen kehrten die wenigen, die Hunger, Durst und Malaria überlebt hatten und den Giftpfeilen der Indios entkommen waren, ins befestigte Coro zurück. Der letzte Statthalter, Bartholomäus VI. Welser, wurde zusammen mit dem Feldhauptmann Philipp von Hutten 1546 von einem spanischen Rivalen in einen Hinterhalt gelockt und ermordet. Allein Coro und die Stadt Maracaibo, deren Keimzelle ein von dem Welser Agenten Ambrosius Dalfinger gegründeter Stützpunkt ist, erinnern noch an die Welserschen Kolonialabenteuer.

Ihre Geschichte führt vor Augen, daß solche Unternehmungen nur gelingen konnten, wenn die Ressourcen, im besonderen die militärische Macht, großer Staaten dafür mobilisiert werden konnten. Die «erste Globalisierung», die vom schwäbischen Augsburg aus ihren Anfang genommen hatte, wurde so zuerst Sache des spanischen Imperiums und dann seines Erben, des englischen Weltreiches. Entsprechend enger wurden die Spielräume privater Handelsunternehmen, mochten sie auch noch so kapitalkräftig sein.

Die Galeone «La nostra Segnora qua de Lupa» der welserschen Venezuela-Flotte. Kolorierte Federzeichnung aus dem Codex Hieronymus Koeler (1534/35).

Philippine Welser. Unbekannter Tiroler Maler, um 1570.

Es zeigte sich, daß die Entente mit den europäischen Fürsten einer tödlichen Umarmung gleichkam. Bartholomäus V. Welser mußte 1556 zusehen, wie die spanische Krone nach dem Urteil eines ihrer Gerichtshöfe Venezuela an sich zog und es dem Vizekönigreich Peru eingliederte. Welser erhielt keine Entschädigung; alle Investitionen mußten abgeschrieben werden. Ein Prestigegewinn für das Haus war allerdings, daß eine Welser-Tochter, Philippine (1527 bis 1580), die Hand eines habsburgischen Erzherzogs gewann, und als «Mutter von Tirol» und Autorin eines Kochbuches populär wurde.

Ökonomischer Niedergang und soziale Ungleichheit

Im Juni 1557 war Spanien zahlungsunfähig, der portugiesische und der französische Staatsbankrott folgten. 1575 brachen die spanischen Finanzen aufs neue zusammen. Die Staatsbankrotte lösten einen Dominoeffekt aus. Allein 1556 und 1584 gingen 70 bedeutende Augsburger Unternehmen in Konkurs. Selbst Fugger wankte. Den dritten spanischen Bankrott, 1607, überstand der Konzern mit äußerster Anstrengung. 1614 war Welser am Ende. Der Firma war das Engagement im Reichsfinanzwesen zum Verhängnis geworden, wieder also eine zu enge Liaison mit dem Staat.

Zwar kamen einige neue Unternehmen – wie die im Kupfergeschäft engagierten Paler – empor, doch war die große Zeit der Augsburger Hochfinanz vorbei. Ein Hauptgrund für die Staatsbankrotte jener Zeit waren kriegerische Konflikte, von den Hugenottenkriegen in Frankreich bis zu den europäischen Kriegen Philipps II. und seiner Nachfolger. Spaniens imperiale Politik bietet das klassische Beispiel dafür, was Paul Kennedy «Überdehnung» genannt hat; Philipps Imperium wurde darüber zum kreditverschlingenden Monster. Und: Der König war ein zu großer Schuldner, als daß man ihn hätte fallenlassen können. So mußten die Augsburger dem schlechten Geld immer wieder gutes hinterherwerfen.

Die europäischen Kriege wirkten auf die städtische Wirtschaft zurück, indem sie ihr massiv Kapital entzogen. Sie störten Handelswege und führten dazu, daß Absatzmärkte wegbrachen. Das bei weitem wichtigste Handwerk der Stadt, das Weberhandwerk, schlitterte so in eine Überproduktionskrise, die bis zum Ende des 16. Jahrhunderts bedrohliche Ausmaße annahm. Um 1600 stellten die Weber unter den etwa 2000–3000 Armen, die vom Almosen unterhalten wurden, wenigstens ein Drittel. Die meisten Weber und andere Textilhandwerker, deren Geschicke eng mit dem Wohl und Wehe dieses Schlüsselgewerbes verbunden waren, dürften am Rand des Existenzminimums gelebt haben, ebenso Bauhandwerker und Taglöhner.

Die Kluft zwischen Reichen und Armen öffnete sich immer weiter. Drei Viertel der Einwohner verfügten über nur etwa drei

Eid der Weber. Initiale aus dem Eidbuch der Reichsstadt, 1583.

Prozent des Steuervermögens: Patrizier, Kaufleute und einige Handwerker, unter denen Goldschmiede hervortreten. Eine «Mittelschicht» wurde vor allem von Wirten, Bäckern, Metzgern und Kunsthandwerkern, wohl auch von Teilen der «Intelligenz», gebildet.

In besonders schlechten Verhältnissen lebten alleinstehende Frauen. Im Steuerbuch von 1610 sind über 2000 aufgeführt: Witwen sowie Frauen, die von ihren Männern verlassen worden waren. Abgesehen von einigen Patrizierinnen, die wohl von ererbtem Vermögen oder Mitgift lebten, dürften sie sich von einfachen Arbeiten ernährt haben, etwa als Mägde, Spinnerinnen oder Ammen. Der Anteil der Frauen, die keine Vermögenssteuer bezahlten, lag mit 63 % fast doppelt so hoch wie jener der Männer.

Die Misere der großen Mehrheit der Bevölkerung hatte einen wichtigen Grund darin, daß in der Stadt Mangel an Arbeit herrschte. Es gab einfach zu viele Menschen. Die Bevölkerungszahl war ungeachtet der Wirtschaftskrise weiter gewachsen: Um die Jahrhundertwende dürften etwa 40–45 000 Menschen in Augsburg gelebt haben. Der Rat verfuhr dementsprechend restriktiv, wenn «*auslender*» das Bürgerrecht erwerben wollten. Unter den Handwerken kam es zu heftigem Streit um die Abgrenzung der Tätigkeitsbereiche oder um die Zahl der Gesellen, die ein Meister beschäftigen durfte; einig waren sich alle in der Abwehr von Leuten, die nicht ins Handwerk eingeschrieben waren, als «Stümper» arbeiteten.

Die Bevölkerungszunahme war außerdem wichtigste Ursache für den Anstieg der Verbraucherpreise; zusätzlichen Schub erhielt die Inflation durch den Zustrom amerikanischen Edelmetalls. Allerdings hielten die Löhne mit dieser Entwicklung nicht Schritt. Der Wirtschaftshistoriker Dieter Saalfeld hat errechnet, daß ein Maurergeselle noch am Anfang des 16. Jahrhunderts etwa den 1,5 fachen Mindestbedarf seines Haushalts verdiente, während er um 1600 nur etwa drei Viertel der Lebenshaltungskosten erwirtschaften konnte. So war eine solche Familie auf Zuerwerb angewiesen; in vielen Haushalten wurden selbst kleine Kinder zur Arbeit – etwa am Webstuhl – angehalten. Jede Mißernte konnte Elend, im Extremfall den Hungertod bedeuten. Tatsächlich zog die Mortalitätsstatistik sofort nach, wenn die Getreidepreise anstiegen, das Brot kleiner gebacken wurde. Auch fiel den Zeitgenossen auf, daß sich immer mehr Bettler auf den Straßen herumtrieben. Die Stadtknechte hatten alle Hände voll zu tun, Fremde, die nicht durch ein Abzeichen – einen Stadtpyr aus Blech – als «ehrbare Arme» mit Anspruch auf das Almosen gekennzeichnet waren, «*auszuschaffen*». Es ist fast unmöglich, etwas über die Zahl der Entwurzelten, Hungernden zu sagen, die, Bittgesänge murmelnd, durch die Straßen zogen oder vor den Toren herumlungerten; in manchen Jahren lassen sich aber Tausende von Stadtverweisen zählen.

Kleine Eiszeit

Zum Jahr 1561 erwähnt ein Chronist «*vberauß große Kälte/und tieffen langwerenden Schnee*», der die Straßen bedeckt habe. Er registrierte damit die ersten Anzeichen eines säkularen Klimawandels, der erhebliche historische Auswirkungen hatte – wieder einer Phase der «Kleinen Eiszeit». Es fehlte zusehends an Brennholz und Holzkohle, Folge der Kombination von Bevölkerungsvermehrung und Kälte; so kam es zur ersten Energiekrise der frühneuzeitlichen Geschichte. Das «eiserne Zeitalter», an dessen Schwelle Europa sich befand, war zugleich eine «eisige» Epoche. Nicht das Absinken der Durchschnittstemperaturen wirkte sich fatal aus, sondern der Umstand, daß immer wieder zwei und mehr verregnete Sommer und extrem kalte Winter direkt aufeinanderfolgten. Eine Mißernte ließ sich noch ausgleichen – die Vorräte in den städtischen Kornspeichern reichten hin, die Bürgerschaft vielleicht acht, neun Monate zu versorgen. Dauerte die Schlechtwetterperiode aber länger, wurde die Lage kritisch.

Zwischen 1569 und 1571 kam es zum ersten Mal zu einer solchen Sequenz. Augsburg erlebte eine furchtbare Hungersnot, die schlimmste seit Menschengedenken. Wieder drängten die Armen in die Stadt, auf der Suche nach Brot und Wärme. Wieder drückten die Stadtknechte sie aus den Toren. Einige Diebe wurden ausgepeitscht oder gar gehenkt, Wiederholungstäter wurden zum Dienst an der Militärgrenze zum Osmanischen Reich oder auf die Galeeren geschickt. Der «Hungercluster» jener Zeit hatte so Anteil am Sieg des von Spanien geführten Flottenverbandes über die Türken, der bei Lepanto 1571 gelang.

Allein in Augsburg forderte die Krise mehrere tausend Tote, obwohl der Rat Getreide verteilen ließ und den Brotpreis subventionierte. Bis aus Ungarn wurde Korn importiert. Die Krise entsprach dem für die Epoche typischen Verlaufsmuster. Auf den Hunger folgte eine «*pestilentzische Seuch*»: Die geschwächte Bevölkerung war für Krankheiten anfällig. Hunger und «Pest» – welche Epidemie auch immer sich hinter dem Schreckenswort verbergen mochte – bildeten tödliche Allianzen.

Den Zeitgenossen waren die Zusammenhänge zwischen De-

Heinrich Vogtherr d.J. (zugeschrieben) der Perlachplatz im Winter, um 1541.

mographie, Klima, Hunger und Tod nicht klar. Das alte Deutungsmodell, irdisches Leid sei göttliche Strafe, war nach wie vor lebendig. Mit gespannter Aufmerksamkeit blickten die Augsburger zum Himmel: Kometen, «*fewrige Kugeln*», Regenbögen und anderes mehr wurden als göttliche Kommentare zu Tun und Lassen gelesen. Der unverdrossene Schreiberling Georg Kölderer, der soviel Papier bekritzelte und mit Illustrationen versah, daß sich bei seinem Tod, 1606, acht Foliobände ergaben, notierte Seite für Seite, durch welche Zeichen sich der Herr offenbarte. Die Heilsgemeinschaft war aber nicht bereit, den Gedanken zu akzeptieren, die Verantwortung für das Desaster läge in ihrer eigenen Mitte. In den «Hexen», so glaubte man, waren die Verantwortlichen für Hagel und Mißernten dingfest gemacht. Die europäische Hexenpsychose der Jahre um 1590 war auch am Lech spürbar. Kölderer schätzte, daß es allein in Augsburg etwa 8000 Hexen gebe. Sein Werk ist, neben anderem, ein Dokument namenloser Angst.

Der Glaube an Hexen und Gespenster und an die Wirksamkeit schwarzer und weißer Magie war im Augsburg des 16. Jahrhunderts (wie überall im frühneuzeitlichen Europa) verbreitet.

In den Vorstädten und im Umland wirkten Magier und «weise Frauen», die halfen, Krankheiten zu heilen, das Wirken finsterer Mächte einzudämmen oder gar Schätze zu finden. Als sich die Glaubenskämpfe verschärften, gerieten auch solche Leute ins Fadenkreuz der Obrigkeit. Hinrichtungen wurden allerdings nicht einmal an vermeintlichen «Unholden» und Hexen vollzogen. Erst das 17. Jahrhundert wird einige Hexereiverfahren mit tödlichem Ende für die Angeklagten erleben.

Daß das Böse in seiner vielfältigen Gestalt zu verfolgen und zu vernichten sei, zählte zu den Obsessionen des konfessionellen Zeitalters. Das verschärfte Vorgehen gegen Hexerei, Magie, aber auch gegen Leute, die im Verdacht standen, abweichende religiöse Überzeugungen zu hegen, ist die Kehrseite der Herausbildung konfessioneller Identität, die sich im Alltag undramatisch vollzog. Es scheint, daß sich das Zusammenleben zwischen den beiden Konfessionsgruppen lange problemlos gestaltete. Der französische Philosoph Michel de Montaigne, der Augsburg im Oktober 1580 besuchte, bemerkte, daß hier täglich Heiraten zwischen Katholiken und Protestanten stattfänden.

Ein Besuch im «Goldenen Augsburg»

Montaignes Erzählung gibt ein überaus lebendiges Bild vom Leben und Treiben in der Stadt, die er «die schönste Deutschlands» nennt. Er nimmt uns mit zu einem Schaufechten und in einen manieristischen Lustgarten der Fugger mit großer Vogelvoliere und Wasserspielen; über die marmorglänzenden Säle des Fuggerpalastes schreibt er, es seien die reichsten, die er je gesehen habe. Dann berichtet er von üppigen Diners, bei denen aus blinkenden Zinntellern zu Weißwein große Krebse oder auch Pasteten, Eingemachtes, dann Zuckerwerk verzehrt werden. Wir erfahren, daß es üblich war, in den Zimmern Räucherwerk zu verbrennen, und er rühmt die Reinlichkeit in seinem Gasthaus, der «Linde» am Weinmarkt, wo die Stufen der Wendeltreppe ganz mit Leinenzeug belegt gewesen seien.

Nun war Montaigne ein Mann hohen Standes. Für die Mehrheit sah das Leben im «Goldenen Augsburg» ganz anders aus. Zwänge man einen Menschen der Moderne, auch nur für ein paar Wochen mit einem Normalbürger des 16. Jahrhunderts zu

Elias Schemel (zugeschrieben), Der Perlachplatz in Augsburg. Um 1599.

tauschen, er würde sich verzweifelt in die Gegenwart zurücksehnen. Bald wäre er des Essens überdrüssig: der täglichen Wassersuppe, des ewigen Hirsebreis, der ständigen Rüben; des lauwarmen, faden Dunkelbieres. Ab und zu einmal fette Würste oder ein Stockfisch wären noch die kulinarischen Höhepunkte. Im Winter fröre der Zeitreisende in schlecht beheizten, dunklen Kammern; beißender Rauch störte das bißchen Behaglichkeit in unmittelbarer Nähe des Kamins.

Einen feinen Geruchssinn sollte er nicht mitbringen. Draußen in den Gassen mischten sich die Dünste von Urin und Exkrementen mit dem beißenden Gestank der Gerberlohe; drinnen in den Häusern blakte die Tranfunzel und man roch die Menschen. Gelüftet wurde selten: Im Winter wäre Kälte ins Haus gekommen; den warmen Sommerwind fürchtete man, weil er, wie man zu wissen meinte, Pestkeime mit sich trug. Mäuse und Ratten wären für den Gast aus der Zukunft selbstverständliche Hausgenossen gewesen. Seinen Strohsack hätte er mit Wanzen, Läusen und Kakerlaken zu teilen. Ständiger Juckreiz muß das Lebensgefühl der frühneuzeitlichen Augsburger ebenso nachhaltig bestimmt haben wie alle möglichen namenlosen Schmerzen, für deren Linderung es keine Arzneien gab. In ihren feuchten «*Dunken*» stöhnten die Weber unter Rheuma, selbst der vor Geld strotzende Kaufmann mit seiner Goldhaube trug faulende Zähne im Mund; manchem Armen hatte sie der Skorbut schon aus den Kiefern gedrückt.

Der Arbeitstag der Menschen war hart: Er begann im Morgengrauen und ging zu Ende, wenn die Sonne hinter den Hügeln im Westen versank. Kinderarbeit war verbreitet; sie wird erst im 20. Jahrhundert abgeschafft werden. «Freizeit» im modernen Sinn gab es nicht, dafür eine Unzahl an Feiertagen, die Gelegenheit boten, nach dem obligaten Gottesdienst zum Armbrustschießen in die Rosenau hinauszuziehen, den Darbietungen wandernder Komödianten zuzusehen oder einfach im Wirtshaus «*einen guten trunck*» zu tun. Bisweilen waren Spektakel besonderer Art zu sehen: Hinrichtungen mit Feuer, Rad oder Schwert, zu denen die Augsburger in Scharen hinaus zum Richtplatz vor der Judenbastei strömten.

Kalenderstreit

Nein, Montaigne hatte nicht alles gesehen, als er Augsburg durchstreifte in jenen Herbsttagen des Jahres 1580. Er hatte auch, als er das entspannte Verhältnis zwischen Katholiken und Lutheranern beschrieb, nicht bemerkt, welches Feuer unter der Asche glomm. Als der Reichstag die Kalenderreform Gregors XII. einführte, kam es zu heftigen Auseinandersetzungen zwischen dem von Katholiken dominierten Rat und der in ihrer weit überwiegenden Mehrheit evangelischen Bürgerschaft. Die Reform sah vor, das Kalenderjahr dem Sonnenjahr anzugleichen; seit den Tagen Caesars, auf den der bis dahin gebräuchliche Kalender zurückging, hatten sich Verschiebungen ergeben, die dadurch wettgemacht werden sollten, daß man zehn Tage ausfallen ließ. Die Maßnahme war sinnvoll, hatte aber den Nachteil, daß sie vom Papst ausgeheckt worden war. So machten Augsburgs protestantische Prediger dagegen mobil. Als der Rat Ende Mai 1584 einen der Agitatoren, den Superintendenten Dr. Georg Mylius, aus der Stadt verbannte, rottete sich das «Volk» (darunter wieder vor allem arme Weber) zusammen;

beinahe wäre es zu einem bewaffneten Aufstand gekommen. Einige Prädikanten bekamen aber Angst vor der eigenen Courage und wiegelten ab. Eine kaiserliche Kommission stiftete schließlich Frieden, die «Fundamentalisten» wurden ausgewiesen. Die Bürger boykottierten zunächst die Veranstaltungen ihrer vom Rat bestellten Nachfolger, der «*Mietlinge*», wie man verächtlich sagte.

Der «Kalenderstreit» erscheint als Eruption, deren Treibmittel ein Gemisch aus sozialer Not und konfessionellen Ressentiments war; der Widerstand der Bevölkerung bröckelte, allmählich bekamen die Prädikanten wieder Zulauf. Erst Jahre später wurde der Konflikt durch einen Kompromiß bereinigt, auch die «Treuherzigen», die *hardliner*, kehrten in die Stadt zurück. Im Ganzen blieb der Ton in Augsburg aber bis in den Dreißigjährigen Krieg hinein friedlich; die Einrichtung des Jesuitenkollegs St. Salvator (1580) wurde eher gleichmütig hingenommen. Außenpolitisch blieb der Rat bei seinem konfessionell neutralen Kurs. Das Augsburger Konfessionsproblem schien gelöst.

Die Renaissance-Stadt: Baukunst gegen die Krise

1582 fand zum letzten Mal ein Reichstag in den Mauern Augsburgs statt. Hans Fugger kommentierte das Geschehen mit einem drastischen Wortspiel. Alles sei im Niedergang, die Dinge entwickelten sich mehr «*zur Böserung als zur Besserung*». Eine ähnlich pessimistische Weltsicht formulierte der Stadtpfleger und Humanist Marx Welser, als er schrieb, Finsternis und Unkultur drohten und verbreiteten sich über die schönen Lande Europas.

In den Jahrzehnten vor Ausbruch des Dreißigjährigen Krieges inspirierte der Augsburger Späthumanismus eine urbanistische Anstrengung, der im Europa jener Epoche wenig an die Seite zu stellen ist. Am Anfang stehen die drei berühmten Prachtbrunnen längst der alten Nord-Süd-Achse Augsburgs; sie wurden zum Ausgangspunkt alles weiteren. Zuerst wurde Hubert Gerharts dem Stadtgründer Augustus gewidmeter Brunnen auf dem Perlachplatz errichtet; er war 1594, zum 1600jährigen Stadtjubiläum, fertiggestellt. Der bronzene Herrscher weist mit der Geste des Friedensbringers zum Kaisererker des Rathauses; auf dem Beckenrand lagern die Allegorien der vier Flüsse, die Augsburgs

Lebensadern sind: Lech, Wertach, Singold und Brunnenbach. Weiter südlich folgen der Merkurbrunnen (1599) und der Herkulesbrunnen (1602), beide Werke des Giambologna-Schülers Adriaen de Vries. Wie auch immer man die Rede der Figuren lesen will – sie hat ihr Gemeinsames im Bezug auf die antike Mythologie und Geschichte, im besonderen auf die Anfänge der Reichsstadt. Es war übrigens eben dieser Bezug auf ein schönes Heidentum, der klammheimlich kritische Äußerungen provozierte. Der sauertöpfische Advokat Dr. Hieronymus Fröschel echauffierte sich jedenfalls über die vier «*gottlos Wassergötzen*» des Augustusbrunnens und anderes heidnisches Teufelswerk: Hier prallten gewissermaßen das humanistische und das konfessionelle Augsburg für einen Moment aufeinander.

Wir wissen heute, daß das Bauprogramm seine Voraussetzung nicht nur im Wunsch der Oligarchie hatte, *magnificentia* zu demonstrieren. Es erweist sich vielmehr als ein Stück Sozialpolitik: Der Rat wollte arbeitslosen Bauhandwerkern Beschäftigung verschaffen. Das Fundament des Programms bot ein sanierter Haushalt. Gerade um 1590 war die Finanzkrise, Folge von Augsburgs Engagement im Schmalkaldischen Krieg, überwunden.

Der 1602 zum Stadtwerkmeister berufene Maurer Elias Holl (1573–1646) wurde zum Architekten einer neuen Stadt, des Augsburg der Renaissance: Ein Werkverzeichnis, das sich aus seiner «Hauschronik», einer Art Autobiographie, zusammenstellen läßt, umfaßt über hundert Bauten. Kunsthistorisch bedeutende Arbeiten sind darunter – etwa die Stadtmetzg und das Zeughaus –, daneben reine Zweckbauten wie Verwaltungsgebäude und selbst Hundezwinger. Holls Hauptwerk, wichtigstes Zeugnis seines strengen, monumentalen Stils, ist das Rathaus. In nur fünf Jahren, zwischen 1615 und 1620, errichtete er an der Stelle des gotischen Vorgängers einen mächtigen Kubus mit zwei Türmen: «Zum Schmuck des Vaterlandes und um der Not der Bauleute abzuhelfen». So der Text der Grundsteinplatte.

Der Bau formuliert Ambitionen, die weit über die bürgerliche Welt hinausweisen. Seine Mitte hatte das Rathaus in einem großen, verschwenderisch ausgestatteten Saal: «*Meieströttisch und dopfer*», «majestätisch und gewaltig» nennt ihn ein Zeitgenosse. Der «Goldene Saal» zählt zu den prunkvollsten Rauminszenierungen der Epoche. Der bronzene Reichsadler im Feld

Das Rathaus Elias Holls (1615–1620) und der Perlachturm

des Westgiebels teilte mit, daß die Stadt nur den Kaiser und Gott über sich wissen wollte.

Dreißig Jahre Krieg

Es ist merkwürdig: Während sich die Stadt förmlich häutete, für neue Aufgaben vorzubereiten schien, hatte der große Krieg, der Augsburg schwerer treffen würde als alle Katastrophen und Kriege vorher und danach, bereits begonnen. Die ersten Vorboten ließen nicht lange auf sich warten. Wie die apokalyptischen Reiter suchten zuerst Teuerung, dann Pest, Hunger, schließlich der Krieg selbst die schwäbische Stadt heim. 1622/23 kam es kriegsbedingt zu einer Hyperinflation, der Kipper- und Wipper-Inflation. «Schlechtes Geld» mit geringem Feingehalt verdrängte die guten Münzen; mit ihnen verschwanden auch die Waren vom Markt. Die Ärmeren mußten wieder hungern, dazu kam eine nachhaltige Zerrüttung des reichsstädtischen Haushalts. Das Finanz-Desaster war um so schlimmer, als das öffentliche Almosen und das für die Versorgung der Stadt zuständige Proviantamt in der folgenden harten Zeit, als es auf jeden Heller angekommen wäre, nicht mehr viel zuzusetzen hatte. Zwischen 1626 und 1628 schädigte zu allem Übel feuchtes und kaltes Wetter die Ernten; der dritte große Killer, die Pest, ließ nicht auf sich warten. Soldaten hatten sie, wohl von Norden her, eingeschleppt. Während die Statistik normalerweise etwa 1300, 1400 Beerdigungen im Jahr ausweist, wurden allein im Jahr 1628 9611 Tote gezählt.

Im Jahr darauf erreichte der Krieg selbst die Stadt. Die Siege der katholischen Liga und Wallensteins hatten die kaiserliche Macht auf eine Höhe geführt, wie sie das Reich seit den Tagen der Staufer nicht mehr gesehen hatte. So entschloß sich Ferdinand II., in großem Stil an die Rekatholisierung des Reiches zu gehen; Augsburg, mit seiner exponierten Lage gegenüber dem gegenreformatorischen Bayern, wurde – offenbar auf Druck seines Bischofs Heinrich V. von Knöringen, eines fanatischen, geradezu pathologischen Gegenreformators – als Exerzierplatz für die Durchführung des «Restitutionsedikts» ausersehen, das der Kaiser am 6. März 1629 erließ. Gestützt auf eine rigide Auslegung des «Geistlichen Vorbehalts» verfügte das Edikt die Rückführung des seit 1552 säkularisierten Kirchengutes. Die Maßnahmen zielten indes weit darüber hinaus. So wurde nicht nur die protestantische Religionsausübung verboten, sondern auch ein rein katholischer Rat installiert. Städtische Bedienstete, die nicht zur Konversion bereit waren, wurden entlassen; fast alle blieben standhaft. Als allerdings Militär aufzog, um die lutherischen Waisenkinder in die Messe zu eskortieren, stellte sich dem Zug eine aufgebrachte Menge in den Weg.

Wenn der Kaufmann Jakob Wagner in sein Tagebuch zu diesen Vorgängen notiert, «*hie facht der undergang diser statt an*», dann war das nicht übertrieben. Denn das Restitutionsedikt wurde zum wichtigen Grund für Gegenbe-

Der «Goldene Saal» im Augsburger Rathaus. Zustand vor der Zerstörung

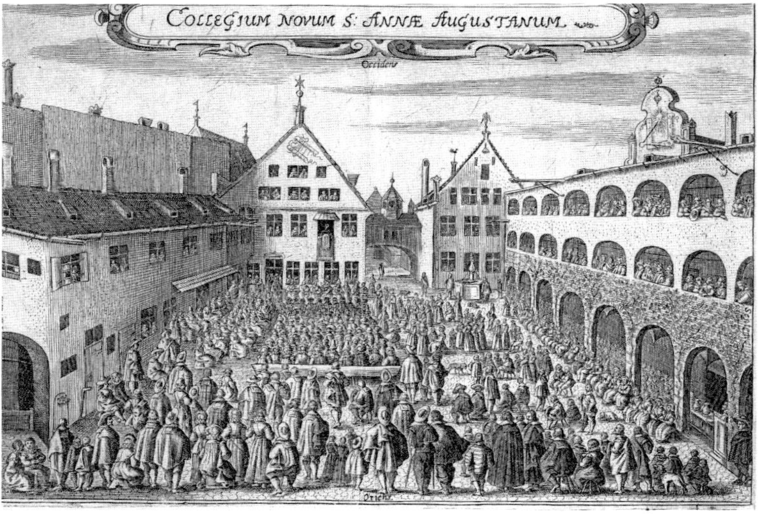

Evangelischer Gottesdienst im Hof des St. Anna-Kollegs

wegungen, die bald auch Augsburg trafen und hier einen erneuten Umschwung der Verhältnisse herbeiführten. Im Sommer 1630 intervenierte Gustav Adolph von Schweden in den Krieg, seine Operationsbasis verbreiterte sich rasch. Der Sieg bei Breitenfeld öffnete dem «Löwen aus Mitternacht» den Weg durchs Reich. Bei Rain am Lech erzwang er gegen das letzte Aufgebot der katholischen Liga unter Tilly den Übergang über den Lech. Augsburg wurde am 20. April 1632 kampflos übergeben. Die bayerische Besatzung zog mit brennenden Lunten und klingendem Spiel ab. Die Augsburger Protestanten erhielten ihre Kirchen zurück, die Katholiken mußten ihre Ratsstellen quittieren. Gustav Adolph erhob 13 Familien, «Mehrer» und Kaufleute ins Patriziat und band sie so an sein Regime. Von einem Fenster des Fuggerpalastes aus nahm er die Huldigung der Bürgerschaft entgegen.

Die Schwedenzeit brachte zwar eine Befreiung der Gewissen mit sich – manche Augsburger waren von ihrem Retter so begeistert, daß sie ihre neugeborenen Söhnchen «Gustav Adolph» nannten –, aber auch Einquartierungen und harte Kontributionen. Mit den Soldaten kamen wieder die Pest und andere Seuchen. Eines ihrer Opfer wurde der große Bildhauer Georg Petel, der jahrelang in Augsburg gewirkt hatte. Van Dyck überliefert sein Äußeres in einem berühmten Porträt (Abb. S. 120).

Die Zeit der schwedischen Herrschaft blieb jedoch ein kurzes Intermezzo. Nach ihrem Sieg in der Schlacht von Nördlingen, Anfang September 1634, stand Süddeutschland den Kaiserlichen und ihren Verbündeten offen. Um Augsburg schloß sich ein Belagerungsring, im Winter 1634/35 war die Stadt völlig blockiert. Eine furchtbare Hungersnot war die Folge. Einige Berichte über Kannibalismus sind durchaus glaubwürdig. Ein Flugblatt verspottete die Augsburger, sie bräuchten keine Katzen mehr, da sie nun ihre Mäuse selbst fressen müßten, und die Totengräber klagten, es gebe keinen Platz mehr für die Leichen. Wann immer sie ein neues Grab ausheben wollten, quöllen ihnen halbverweste Körper entgegen.

Ende März 1635 konnte man nicht mehr. Die Stadt öffnete sich den Belagerern; Graf Ottheinrich Fugger zog als Statthalter ein. Erneut wurden die politischen Verhältnisse umgestürzt. Den Protestanten wurde aber doch gestattet, eine eigene Kirche zu errichten. Da die Mittel fehlten, feierten sie den Gottesdienst im Hof des Collegiums bei St. Anna unter freiem Himmel. Eine Volkszählung ergab, daß gerade noch 16 422 Menschen am Leben waren, 12 017 Protestanten und 4405 Katholiken. Ließe sich Stadtgeschichte als Folge von Höhen und Tiefen beschreiben, jetzt wäre *ground zero* erreicht.

Die paritätische Stadt

Friedensfest

Erst 1646 kehrte der Krieg nochmals vor Augsburgs Mauern zurück: Ein schwedisch-französisches Heer belagerte die Stadt und versuchte – vergeblich –, sie zu stürmen. Zu dieser Zeit waren in Münster und Osnabrück schon Friedensverhandlungen im Gange. Hier gelang es den Delegierten der Augsburger Protestanten dank schwedischer Schützenhilfe in letzter Stunde, die Parität, die Gleichberechtigung der Konfessionen, zu erreichen. Der entscheidende Satz findet sich in Art. V, § 3 des Osnabrükker Friedensinstruments, wo festgelegt wird, daß Augsburg – neben Dinkelsbühl, Biberach und Ravensburg – seine Güter, also zum Beispiel säkularisierte Klöster, nach dem Stand des 1. Januar 1624 behalten solle: «*Aber hinsichtlich der Ratsstellen und anderer öffentlicher Ämter soll unter den Anhängern beider Religionen Gleichheit und gleiche Anzahl sein.*» Das folgte der Logik des Augsburger Religionsfriedens.

Anfang 1649 wurde damit begonnen, die Bestimmungen des Westfälischen Friedens umzusetzen. Bei St. Anna, St. Ulrich und in den anderen lutherischen Kirchen wurde wieder Gottesdienst gehalten, bald wurde auch im Gymnasium bei St. Anna der Unterricht wiederaufgenommen. Für den Neubau der zur Zeit des Restitutionsedikts niedergerissenen evangelischen Hl.-Kreuz-Kirche spendeten Protestanten aus dem ganzen Reich, ja selbst aus Dänemark und Schweden. Ein Symbol der neuen Ordnung ist das Nebeneinander der protestantischen Pfarrkirche von St. Ulrich – das ehemalige Predigthaus der Benediktiner- und der Ulrichsbasilika.

Im März konstituierte sich der neue Rat. Ein katholischer stand einem evangelischen Stadtpfleger gegenüber; Kleiner Rat, dann die Stadtämter, das Stadtgericht, Zensuramt, ja jedes kleine Pöstchen wurde streng nach Parität verteilt. War eine

Europakanne. Silber, teilweise vergoldet, frühes 18. Jahrhundert; Kopie des Monogrammisten JMR (Johannes Matthäus Rehm?) nach einem Vorbild von Johannes Lencker, 1620.

Die Türme der evangelischen Kirche St. Ulrich und der katholischen Ulrichsbasilika.

ungerade Zahl von Amtsinhabern zu besetzen, sollte alternierend ein Anhänger zunächst der einen, dann der anderen Konfession zum Zuge kommen. Es war eine schlichte, mechanische Lösung. Aber sie war effizient.

Während Augsburgs Katholiken die Resultate der Osnabrücker Verhandlungen als unerhört empfanden, als «*novität*», die unweigerlich zur Zerrüttung des Gemeinwesens führen mußte, jubelten die Evangelischen. Am 8. August 1650, dem Jahrestag der Vertreibung der Prediger, wurde der Errettung aus höchster Bedrängnis «*ein sehr herrliches Danck-, Frid- und Frewdenfest*» gefeiert. Mit martialischen Klängen – Trompetenschall, Heerpauken und Salutschüssen – feierten die Augsburger Protestanten ihren Sieg. Das «Friedensfest» wurde fortan regelmäßig begangen; noch heute ist der 8. August in Augsburg ein gesetzlicher Feiertag, während außerhalb der Stadtgrenzen gearbeitet wird.

Es war das Geschichtsfest *par excellence*, ein kollektives Ritual, das zur Konstruktion der Tradition, aus der Augsburgs Lutheraner ihre Identität gewannen, beitrug. Im Zentrum der Erinnerungsarbeit standen die Kinder, die von Anfang an das Gedenken an die Leiden und den heroischen Kampf ihrer Vorfahren einüben sollten. Eigens für sie wurde ein Gottesdienst veranstaltet, danach erhielten sie Leckereien und einen Kupferstich, ein «Friedensgemälde», das gewöhnlich von einem erbaulichen Text erläutert wurde.

Konfessionskulturen

Wie blutige Hähne hatten die Mächtigen Augsburg heimgesucht, hatten die Stadt katholisch, lutherisch, dann wieder katholisch gemacht. Von einem Tag auf den anderen war die Frage, welchem Glauben man anhing, von essentieller, lebensmächtiger Bedeutung geworden. Sie hatte über berufliches Fortkommen, manchmal sogar über Leben und Tod entschieden. Angesichts der Piken schwedischer, bayerischer oder kaiserlicher Söldner hatten viele Augsburger ihr wahres Gesicht enthüllen müssen. Man hatte erfahren, wer glaubensstark war oder lau, wer sich als Speichellecker gebärdet hatte, zur Kollaboration bereit gewesen war. Man wußte, mit anderen Worten, wer zur eigenen Partei zählte und wer nicht. So festigten sich konfessionelle Mentalitäten; das zeigt sich etwa am Vordringen konfessionsspezifischer Vornamen. Augsburg hat nun eigentlich drei Geschichten: eine protestantische, eine katholische und die der Stadtgesellschaft als Ganzes, in der beide zu einem ziemlich ungewöhnlichen Miteinander vereint sind.

Die wichtigste Veränderung, die der Krieg eingeleitet hatte, war, daß sich die konfessionellen Mehrheitsverhältnisse in Augsburg allmählich umkehrten. Zunächst durch Zuzug aus dem katholischen Umland, dann auch durch erheblich höhere Geburtenraten gewannen die Altgläubigen allmählich das Übergewicht. Bei Kriegsende war Augsburgs Bevölkerung – die damals schon wieder über 20 000 Einwohner zählte – zu etwa 70 Prozent protestantisch gewesen, bis zum Ende des 18. Jahrhunderts waren es nur noch 40 Prozent. Der Trend setzte sich in die Gegenwart fort; heute sind nur noch etwas mehr als ein Fünftel der Einwohnerschaft protestantisch.

Zwischen den Konfessionsparteien zogen sich unsichtbare – und sichtbare – Grenzen. So blieb die Zahl der Mischehen bis ans Ende der reichsstädtischen Zeit verschwindend gering, Auch gab es nur wenige Konversionen, vielleicht zwischen 20 und 30 im Jahr. Meister nahmen gewöhnlich allein Gesellen auf, mit denen sie den Glauben teilten; Handwerksordnungen – wie die der Goldschmiede – schoben einer Durchmischung der Konfessionen einen Riegel vor, indem sie für den Fall, daß ein Geselle den Glauben wechselte, verlangten, daß er sich bei einem anderen Meister verdingte. Gerade in die angeseheneren Handwerke drangen die Katholiken nur allmählich vor.

Andererseits lebten Angehörige verschiedener Konfessionsgruppen Tür an Tür. Es gab zwar Stadtteile, in denen die eine oder andere Konfession dominierte, völlig katholische oder ausschließlich evangelische Gebiete entstanden jedoch nicht. Auch kam es oft vor, daß katholische Knechte und Mägde protestantischen Herrschaften dienten; der umgekehrte Fall begegnet ebenfalls, aber seltener. Mit der Zeit wirkte sich die religiöse Orientierung auf die alltäglichsten Fragen aus.

Religionssoziologisch gesehen, waren die Verhältnisse in Augsburg überaus kompliziert. Abgrenzung gegenüber dem anderen und Festigung der eigenen Identität wurden durch kulturelle Techniken wie Friedensfest und Kontroverspredigten, die sich ebenfalls eher «nach innen» richteten, angestrebt. Die Katholiken zeigten mit Prozessionen und Wallfahrten Flagge. Marienbilder an Hausfassaden oder auch subtilere Zeichen wie die typisch katholische «bayerische Haube», die Frauen im späten 18. Jahrhundert trugen, waren Signale der Abgrenzung und Bekenntnis zugleich.

Andererseits wirkt der barocke Pomp, mit dem die Friedensfeste begangen wurden, im deutschen Protestantismus exotisch; er reagierte auf die Inszenierungen des gegenreformatorischen Katholizismus. Die Themen, derer sich die lutherischen Prediger und ihre Gegner bedienten, waren austauschbar. Sie lieferten sich «Parodien eines konfessionellen Turniers», dessen Lärm über die Friedlichkeit des Zusammenlebens hinwegtäuschte, es freilich dadurch erst ermöglichte (Etienne François). Anders gesagt, die Kriege der Worte und Zeichen waren rituelle Auseinandersetzungen, sie sublimierten Gewalt. Sie fanden in einer vom Westfälischen Frieden umzäunten Arena statt. Zudem überwachte der Rat die religiösen Angelegenheiten penibel. Das System der Parität verhinderte weitgehend, daß die latenten Spannungen dies- und jenseits der unsichtbaren Grenze sich in blutigen Konflikten entluden.

Nachkriegszeit

Dem Frieden in der Stadt kam der Umstand zugute, daß der Dreißigjährige Krieg – zynisch gesagt – Konfliktpotential vernichtet hatte. Vor allem die Armen waren in den Krisenjahren zwischen 1628 und 1635 dezimiert worden. Das Weberhandwerk hatte seine überragende Stellung eingebüßt; von 2000 Webern vor 1618 waren gerade noch 600 selbständige Meister übrig. Die Tuchproduktion war von etwa einer halben Million auf 60000 Stück zurückgegangen. Selbst auf diesem Niveau hatte das Handwerk Absatzschwierigkeiten. Konkurrenz machte der mit Wasserfarben bunt bedruckte, dabei waschechte Kattun aus Vorderindien; die Augsburger verschafften sich aber nun das erforderliche *know how*, um den modischen Stoff selbst produzieren zu können. 1688 wurde in Augsburg die erste deutsche Kattundruckerei eröffnet. Die Branche erlebte im 18. Jahrhundert eine Blüte, neue Vermögen entstanden.

Titelkupfer der «Gründlichen Violinschule» Leopold Mozarts, Augsburg 1770.

Die große Rolle der alten Handelshäuser aber war ausgespielt, die Vermögen der Bankiers waren weitgehend vernichtet. Ihre Einbußen dürften insgesamt über 90 Prozent betragen haben. Entscheidende Ursache dafür war der Krieg; er überlagerte zwei große Trends, die sich beide für Augsburg ungünstig auswirkten. Zum einen war da die Umorientierung der Weltwirtschaft in den atlantischen Raum und damit der Bedeutungsverlust der uralten mediterranen Weltwirtschaft, mit der Augsburgs Ökonomie seit Jahrhunderten eng verflochten war. Augsburg rückte sozusagen vom Zentrum an die Peripherie. Die Stadt blieb wohl ein Tor zum Süden; doch wurden die europäischen Tore nach Westen – etwa Hamburg, Amsterdam, Lissabon – immer wichtiger.

Die zweite Entwicklung hing eng mit dem Aufstieg der Territorialstaaten zusammen: Die Residenzstädte überrundeten die alten Reichsstädte. Hier fielen die politischen Entscheidungen, hier konzentrierten sich Bürokratien, Soldaten und kulturelle Einrichtungen wie Akademien, Universitäten oder Theater. Der Niedergang des «Goldenen Augsburg» illustriert diesen Vorgang ebenso wie der Aufstieg des nahen München zur «leuchtenden» Stadt. Die Entwicklung ließe sich durch einen äußerst prominenten Fall illustrieren, nämlich den Leopold Mozarts. Er kommt 1719 in der Augsburger Frauenvorstadt zur Welt und erhält bei den Jesuiten eine erste musikalische Ausbildung. Nach dem erfolgreichen Start wagt er den Sprung in die Residenzstadt Salzburg, wo 1756 sein Sohn Wolfgang Gottlieb – Amadé – auf die Welt kommt. Der Komponist wird noch oft in die Stadt seiner Väter zurückkehren; seine Karriere aber verläuft über Residenzstädte wie Salzburg, Mannheim, München und Wien.

Einige Familien richteten sich in den neuen Verhältnissen rasch ein, so die Stetten und die Hosenestel. Letztere handelten mit französischer Bijouterie und Galanteriewaren und zogen Nutzen aus den niedrigen Immobilienpreisen nach den demographischen Einbrüchen der Kriegszeit. Dann waren da die traditionellen Standortvorteile der Augsburger. Die Reichstage des 16. Jahrhunderts hatten die Stellung der Stadt im frühneuzeitlichen Kommunikationsnetz etabliert. Ihre Bankiers, noch immer von gutem Ruf und «*sehr festem Kredit*», gewannen eine führende Stellung im Silberhandel.

Anzeichen der Erholung – auf niederem Niveau – war, daß die schlimmsten Folgen des Dreißigjährigen Krieges für die städtischen Finanzen um 1670 überwunden gewesen zu sein scheinen. Gegen Ende des 17. Jahrhunderts deutet eine größere Zahl von Manufakturgründungen auf die Anfänge der Industrialisierung hin.

Die Antwort der Augsburger Wirtschaft auf die veränderte Lage läßt sich auf die Formel «Innovation auf der Grundlage alter Stärken» bringen. Sie gilt auch für das Kunsthandwerk, das selbst während des Dreißigjährigen Krieges nie ganz untergegangen war. Das System der Parität hatte großen Anteil daran, daß sich Augsburg nach dem Dreißigjährigen Krieg zu einem Kunstzentrum von überregionaler Bedeutung entwickeln konnte. Die Lutheraner Mayr oder Schönfeld, zwei Große der deutschen Barockma-

Gustav II. Adolph von Schweden, Silberstatuette von Daniel Lang. Um 1632.

lerei, fanden hier ebenso ihr Auskommen wie der katholische Bildhauer Bendl oder der Calvinist Sandrart. Letzterer regte die Einrichtung einer Kunstakademie an. 1710 machte sich der Rat das Projekt zu eigen, je ein katholischer und ein evangelischer Direktor wurden als Leiter bestellt. Das hochentwickelte graphische Gewerbe versorgte die Maler, Kunstschreiner und andere Handwerker mit Informationen über aktuelle stilistische Trends. Das Augsburg der Kupferstecher und Radierer wurde zur «Bilderfabrik Europas» (Helmut Gier).

Die Reichsstadt war für Künstler ein attraktiver Standort, weil sie von einer einzigartigen «Auftraggeberlandschaft» umgeben war. Augsburger Künstler und Kunsthandwerker – egal, welcher Konfession – belieferten die Äbte und Fürsten des Reiches und die europäischen Höfe zwischen Wien, Stockholm und St. Petersburg. Ein polnischer Adeliger, Teodor Billewicz, urteilte nach einem Augsburg-Aufenthalt im Jahr 1677: «*Man kann in Europa keine berühmteren Goldschmiede und Uhrmacher finden als in Augsburg.*» Die Stadt wurde eine Art schwäbisches Genf. Mikroskope, Fernrohre und andere Präzisionsinstrumente – ihre Herstellung hatte am Lech ebenfalls Tradition – wurden ins ganze europäische Ausland exportiert. Vor allem aber waren es die Goldschmiede, deren Kunst Augsburgs Ruhm bis an die Grenzen des Kontinents trug. Anstelle des im 17. Jahrhundert überflügelten Nürnberg wurde Augsburg zum wichtigsten Zentrum des Handwerks in Mittel-und Osteuropa. Das Beschauzeichen, ein eingepunzter Stadtpyr, garantierte Handwerkskunst von exquisiter Qualität.

Am Rand der Reichsgeschichte

Der Glanz der Kunst läßt leicht übersehen, daß Augsburg seine Stellung als ein Zentrum des Reiches längst eingebüßt hatte. Der Reichstag hatte sich nach dem Krieg zu einem Gesandtenkongreß in Regensburg entwickelt, Augsburg unterhielt dort einen Residenten. Am Lech fand sich «das Reich» nur noch selten ein: So 1654, als der Sohn Ferdinands III. Leopold zum Römischen König gewählt wurde; oder 1686, als die Verhandlungen um ein Bündnis gegen Ludwig XIV. stattfanden, das dann «Augsburger Allianz» genannt wurde. Um die Jahreswende

1689/90 aber entfaltete das *Sacrum Imperium* nochmals seinen ganzen altertümlichen Prunk. Im Dom wurde Leopolds I. dritte Frau Eleonore zur Kaiserin gekrönt, außerdem vollzog man Wahl und Krönung von Leopolds Sohn Joseph zum Römischen König. Das staunende Volk erlebte pompöse Einzüge; aus einem Brunnen floß roter und weißer Wein, und der Erzschatzmeister warf Münzen unter die Menge. Wo der Kaiser weilte, sollten Überfluß sein und Glück...

Nach der Wahl Josephs I. zum Römischen König: Der Erzschatzmeister wirft Münzen unter das Volk. Kupferstich von 1690.

Während des Spanischen Erbfolgekrieges, im Dezember 1703, erzwang eine bayerisch-französische Armee nach heftiger Beschießung von der kaiserlichen Besatzung die Übergabe der Stadt. Ein bayerischer Kommissar bestellte den Rat in den Goldenen Saal und erklärte Kurfürst Max Emmanuel zum neuen

Georg Philipp Rugendas, Belagerung und Beschießung Augsburgs während des Spanischen Erbfolgekrieges. Nach 1703.

Stadtherrn. Gegen alles Recht wurden bayerische Behörden eingerichtet, der Münchner Hofrat sollte oberste Instanz in Rechtsstreitigkeiten sein. Doch war der bayerische Spuk nach dem Sieg des Herzogs von Marlborough und des Prinzen Eugen in der Schlacht bei Höchstädt am 13. August 1704 schon wieder vorbei. Die Eskapade riß ein Loch von vier Millionen Gulden in Augsburgs Etat.

Eine gespaltene Gesellschaft

Wenn der Nazi-Historiker Hugo Steiger Augsburgs 18. Jahrhundert als «geschichtslose Zeit» charakterisierte, bedarf das kaum eines Kommentars; «Geschichte» findet wohl auch dann statt, wenn keine Heere marschieren, keine Kaiser durch Triumphpforten schreiten. Aber das Bild einer «Spitzwegidylle», das andere geben, trügt nicht weniger. Gewiß, nach dem Intermezzo im Spanischen Erbfolgekrieg wurde die Stadt für über zwei Jahrhunderte vom Krieg verschont, sie blieb Zaungast der großen Politik. Doch war ihre Gesellschaft von Bruchlinien und Konflikten

Gottfried Eichler d. Ä., Selbstporträt, 1754.

durchzogen. Nur die einigermaßen günstigen wirtschaftlichen Verhältnisse und das eiserne Korsett der Parität hielten die Bürgergemeinschaft einigermaßen zusammen.

Ihr stand ein Regiment vor, dessen Mitglieder auf geradezu unverschämte Weise miteinander verwandt, verschwägert und verfilzt waren. Seit dem Geharnischten Reichstag waren zahlreiche alte Geschlechter erloschen; obwohl der Kaiser Standeserhöhungen vornahm, teilten sich immer weniger Familien die Macht und die Verfügung über die städtischen Pfründen. Einer, dem es nicht gelungen war, sich in das dichtgewobene Netz einzuklinken, brachte die Sache in seinem Ärger vor den Reichshofrat. So wurde eine kaiserliche Kommission aktiv. Sie arbeitete von 1718 bis 1720 und lag den Augsburgern schwer auf der Tasche; am Ende wurde eine neue Regimentsordnung oktroyiert, die dem Ratsplenum mehr Einfluß gewährte (Ingrid Bàtori). Dennoch, Grundlegendes änderte sich bis zum Ende der Zeit reichsstädtischer Freiheit – die vor allem eine Freiheit der Oligarchen war – nicht.

Eine weitere Konfliktlinie wurde durch die «unsichtbare Grenze» bezeichnet, die sich zusehends zu einer Mauer aus

Riten und Symbolen verdichtete. Im Lauf des 18. Jahrhunderts schlossen sich Konfessionsgruppen immer mehr voneinander ab, und es scheint, daß sie sich in ihren jeweiligen Überzeugungen verhärteten. Friedrich Nicolai meinte, in Augsburg seien die Katholiken «*doppelt und dreyfach*» katholisch; der Besuch Pius VI. (1782) erregte Begeisterungsstürme. Ob nicht auf protestantischer Seite das Vordringen des Pietismus als Reaktion auf die Herausforderung durch das «Andere» interpretiert werden kann? Die (bis heute) konservative Mentalität der Augsburger hat ihre tieferen Wurzeln in der Zeit der Parität. Sie polarisierte in einem Maß, daß sich die «zweite Konfessionalisierung», wie sie für das 19. Jahrhundert postuliert wurde, von jener «ersten» im System der Parität nicht mehr abhebt. Daß die Art, wie die beiden Konfessionen zusammenlebten, mit Toleranz wenig zu tun hatte, empfanden Aufklärer wie Schubart oder der gerade zitierte Nicolai im übrigen sehr deutlich.

Eine Folge des «kalten Krieges» zwischen den Konfessionsparteien und der Verkrustung der Oligarchie war, daß die geistige Atmosphäre in der Stadt eng und provinziell blieb. Zwar ist richtig, daß Augsburg, gemessen an der Quantität der Produktion, eine der wichtigsten Verlagsstädte Deutschlands war; doch versorgten Häuser wie Bencard, Veith oder Stage fast ausschließlich das katholische Reich und die habsburgischen Erblande. Ein paar Tonnen der von ihnen publizierten Traktätlein wögen Lessings «Nathan» nicht auf. Immerhin gab es mit der *Ordinari Postzeitung* seit 1686 ein regelmäßig erscheinendes Nachrichtenblatt.

Signifikantes Kennzeichen der Augsburger Aufklärung war deren Privatheit. Lesegesellschaften und Clubs, sonst die Orte von Kritik und Diskurs, führten, so es sie gab, ein Schattendasein. Unter der örtlichen Intelligenz ragte der Pfarrer Johann Jakob Brucker (1696–1770), Verfasser einer bedeutenden Philosophiegeschichte, hervor. Nach seinem Tod galt der jüngere Paul von Stetten, ein Ratsherr und Historiker, als Doyen der Augsburger Gelehrten. Herder, der Augsburg 1788 besuchte, urteilte über ihn gegenüber Goethe nur trocken: «*An seiner Person verliert man nichts.*»

Zentrum des kulturellen Lebens blieb die Akademie. Unter bedeutenden Direktoren wurde sie zur Talentschmiede des

«Augsburger Geschmacks», wie man die Kunst des Rokoko schon damals (ironisch!) nannte. Einer von ihnen, Gottfried Eichler d. Ä. (1677–1759), mustert sein Gegenüber auf seinem großartigen Selbstporträt aufmerksam, anscheinend ein wenig belustigt. Unzählige Kirchen, Residenzen und Bürgerhäuser des deutschen Südens wurden von Künstlern geschmückt, die ihre Formung in Augsburg erhalten hatten. In der Stadt selbst wich der verblaßte Schmuck der Hausfassaden Fresken im luftigen Stil der Zeit. Nichts davon blieb erhalten.

Totentanz

Am 28. April 1770 machte die gerade erst fünfzehnjährige Marie Antoinette auf ihrer Brautfahrt nach Paris in Augsburg Station. Sie besuchte die Akademie und das Raunersche Silbergewölbe – die berühmteste Silberhandlung der Stadt – und wohnte im Jesuitenkolleg einer Aufführung von Voltaires «Drei Sultaninnen» bei. Am Abend wurde ihr zu Ehren im Stadtpalais des Bankiers Liebert ein Ball veranstaltet; der gerade erst fertiggestellte Festsaal wäre der Residenz eines Fürsten würdig gewesen. Unter dem von tausend Kerzen erleuchteten Deckenfresko Gregorio Guglielmis fanden sich Augsburgs Schöne und Reiche ein, alle in *grande parure*, die Herren mit zierlichen Degen an der Seite, die Damen im seideknisternden Reifrock. Drei Menuette – man zählte es genau – tanzte die Erzherzogin, um sich dann in die fürstbischöfliche Residenz zurückzuziehen. Am anderen Morgen reiste die Gesellschaft nach Paris weiter. Sie verließ eine Stadt, in der die alte Ordnung nur noch eine Galgenfrist hatte.

Die große europäische Hungersnot von 1771/72 traf auch Augsburg hart. Die Todesrate verdoppelte sich, Getreideankäufe brachten den Haushalt aus dem Lot. Da die Konjunktur nachließ, gelang es nicht, die Bilanz auszugleichen. Die Verluste waren vor allem durch eine kostspielige Sozialpolitik entstanden, zu der die Angst vor dem «Aufstand des gemeinen Mannes» veranlaßt hatte. Die Handwerkerunruhen der Spätzeit des *Ançien régime* – wie der Weberaufstand von 1784 – richteten sich aber nicht grundsätzlich gegen die gesellschaftliche Ordnung. Die Weber wollten nichts Neues, vielmehr forderten sie

Altes zurück: ihre zünftische Arbeitsorganisation, Importverbote; dazu den Schutz vor allen möglichen Emporkömmlingen vom Schlage eines Johann Heinrich Schüle, der in seiner wie einer feudalen Residenz gestalteten Kattunfabrik 3 500 Arbeiter beschäftigte.

Die Französische Revolution brachte auch in Augsburg das Regiment ins Wanken. Zur Zeit der Jakobinerherrschaft, Anfang 1794, kam es erneut zu Weberunruhen. Eine erregte Menge zog vor das Rathaus und forderte ein Einfuhrverbot für fremde Waren. Eine Reformpartei um den Ratskonsulenten Joseph von Schaden nutzte den Druck der Straße und forderte die Einrichtung eines demokratisch und nach dem Prinzip der Parität gewählten Ausschusses, der alle möglichen Mißstände abstellen und so die Verhältnisse beruhigen sollte. Tatsächlich wurde die Deputation zunächst einberufen. Der Rat holte jedoch Ende 1794 Militär des Schwäbischen Reichskrei-

Auflauf der Augsburger Weber vor dem Rathaus, 1794. Kolorierte Umrißradierung von Franz Thomas Weber, um 1810.

Bleiche des Matthias Schüle vor dem Jakober Tor. Zeichnung von Johann Michael Frey. Spätes 18. Jahrhundert.

ses in die Stadt; die hergebrachte Ordnung kehrte wieder ein, ohne daß die Reformdiskussion deshalb verstummt wäre. Immerhin, die Episode markiert die Anfänge des demokratischen Augsburg.

Das Ende der Reichsstadt

Die Französische Revolution und die Kriege der folgenden Zeit besiegelten den Niedergang von Handwerk und Handel. 1796 und 1797, während des Ersten Koalitionskrieges, mußte die Stadt zuerst französische Besatzungen aufnehmen, dann kaiserliche. Auch der Krieg der Zweiten Koalition ließ Augsburg nicht unberührt. Erst kamen die Kaiserlichen, dann die Russen, schließlich die Franzosen. Ob Freund oder Feind, war gleichgültig: Die Augsburger wünschten die Uniformierten zum Teufel, ob sie nun Adler mit einem oder zwei Köpfen auf ihren Fahnen hatten oder unter der Trikolore marschierten.

Die Vereinbarungen des Friedens von Lunéville, der 1801 geschlossen wurde, sahen die Abtretung des linken Rheinufers an Frankreich vor. Im Gegenzug erhielten die betroffenen Fürsten Entschädigungen, säkularisierten Kirchenbesitz und

Proklamation der Zivilbesitznahme Augsburgs durch Bayern auf dem Fronhof, 4. März 1806. Radierung von Franz Thomas Weber.

reichsunmittelbare Städte und Länder. Einzelheiten regelte der «Reichsdeputationshauptschluß» von 1803. Das Augsburger Fürstbistum und der reichsunmittelbare Besitz des Klosters St. Ulrich und Afra fielen an Bayern, ebenso der kirchliche Grundbesitz im Umland. Mit Hilfe von Bestechungsgeldern an Talleyrand und seine Diplomaten gelang es ein letztes Mal, für Augsburg den Status als Reichsstadt zu bewahren, ja sogar die volle Landeshoheit zu gewinnen. In der letzten Stunde ihrer Existenz war die Reichsstadt damit «alleinige Herrin im Hause gegenüber den älteren geistlichen Gewalten, mit denen sie über ein halbes Jahrtausend gerungen hatte» (Wolfgang Zorn). Allerdings war die Stadt nahezu zahlungsunfähig. Zur Zeit der diplomatischen Scharmützel um die Reichsfreiheit hatte der Rat nur noch bei jüdischen Bankiers Kredit gefunden; dafür wurde ihnen nun in der Stadt Aufenthalt gewährt, gegen den erbitterten Widerstand eingesessener Kaufleute, die schon jetzt ohne viel Federlesens den Reichsadler für den bayerischen Löwen hingegeben hätten.

Den Krieg, der 1805 erneut ausbrach, führte Napoleon an der Seite süddeutscher Verbündeter, darunter Bayern. Anfang Oktober stand die *Grande Armée* vor Augsburg. Der Rat hatte an den Stadtgrenzen vorsorglich Tafeln aufstellen lassen, die verkündeten: «*Reichsstadt-Augsburgisches Neutrales Gebiet – Pays neutre de la ville d'Augsbourg*». Die Franzosen ließen sich davon nicht beeindrucken. 30 000 Mann strömten durch die Tore; die Stadt wurde zur Garnison. Der Stabsoffizier François Dumonçeau notierte, Augsburg erscheine ihm düster und verstört. «*Nur wenige der Bewohner ließen sich auf den Straßen blicken, aber eine Masse von Soldaten durchstreifte sie in allen Richtungen, und ich bemerkte unter der Menge mit Interesse etliche Grenadiere der kaiserlichen Garde.*»

Am 10. Oktober und nochmals am 22. Oktober, nach der Kapitulation der österreichischen Hauptarmee in Ulm, kam Napoleon selbst. Der Imperator hat die Augsburger bei diesen Gelegenheiten nicht im Zweifel darüber gelassen, daß er beabsichtige, ihre Stadt seinem bayerischen Verbündeten zu geben. Mit seinem Sieg bei Austerlitz war auch Augsburgs Schicksal nicht mehr zu ändern. Der Frieden von Preßburg (26.12.1805) bescherte dem Bayernfürsten neben dem Königstitel und einigen anderen Gebieten auch Augsburg als Besitz «mit aller Souveränität». Zugleich wurde ein bayerisches Jägerkorps in die Stadt gelegt. Am 4. März 1806 folgte die Zivilbesitznahme. Städtische Werkleute zogen auf, entfernten den doppelköpfigen Reichsadler von seinem angestammten Platz am Rathausgiebel und brachen ihm die metallenen Flügel. Bayern hatte, ohne daß ein Schuß gefallen wäre, seinen jahrhundertelangen Kampf um Augsburg gewonnen.

Bayerische Provinzstadt

Integration in den bayerischen Staat

Am Abend des Tages, der Augsburgs reichsstädtische Zeit beendet hatte, gab die bayerische Kommission im Hotel «Drei Mohren» am Weinmarkt ein festliches Diner. Ein Teilnehmer, der städtische Oberrichter Franz Eugen von Seida, beobachtete, daß weder hochgemute Trinksprüche noch «*der schäumende fröhlichmachende Champagner den gebeugten Sinn völlig zu erheben vermochte*». Trauer «*am Grab der alten bürgerlichen Verfassung*» trugen vor allem die Patrizier, die ihre hergebrachten Privilegien verloren und einer ungewissen Zukunft entgegensahen; katholische Kreise erwarteten vom rationalen, säkularen bayerischen Staat, der sich gerade in großem Stil Kirchenbesitz und Klostergut einverleibt hatte, nichts Gutes.

In München hielt ein kühler Machtpolitiker die Fäden in der Hand, den man als rücksichtslosen Vertreter der Staatssouveränität und zugleich aufgeklärten Idealisten gekennzeichnet hat (Eberhard Weis): Maximilian von Montgelas, der allmächtige Minister König Max I. Joseph. Eine bizarre Sonderstruktur wie die bikonfessionelle Reichsstadt mit ihren archaischen Rechtszuständen und ihrer chaotischen Finanzverwaltung hatte in seinem von einer rational organisierten Bürokratie getragenen, konfessionell neutralen Idealstaat keinen Platz. Symbolisch für den Geist der montgelasschen Reformen steht der Abriß des Hollschen Siegelhauses, der 1809, nach Errichtung eines neuen Zollgebäudes, möglich wurde. Seitdem öffnet sich hier einer der großartigsten Straßenräume Deutschlands.

Mongelas' Kommissare gingen energisch ans Werk. Am 1. Juli 1806 wurden die beiden letzten Stadtpfleger, der Protestant Paul von Stetten und sein katholischer Kollege Joseph Adrian Imhof, zur Ruhe gesetzt und mit Pensionen und Titeln abgefunden; anstelle des alten Geheimen Rats wurde ein «*Ver-*

Die Barfüßerkirche und der Barfüßertorturm. Um 1820. Monogrammist NB.

waltungsrat» kreiert, auf den – gemäß dem Edikt über das Gemeindewesen von 1808 – ein «*Munizipalrat*» folgte. Der Staat behandelte die neuen Gremien wie bayerische Unterbehörden. In Augsburg sollte fortan nichts, in München alles entschieden werden. Ein Stadtkommissar – das Amt bestand bis 1869 – übte die staatliche Aufsicht aus.

Die Reformer achteten aber darauf, daß zwischen den alten und den neuen Gremien ein hohes Maß an personeller Kontinuität gewahrt blieb. Sie bauten eine von der Verwaltung getrennte Justiz auf; die polizeilichen Befugnisse wurden in einer eigenen Behörde konzentriert. Als vordringlichste Aufgabe erschien indes die Sanierung der städtischen Finanzen. Es spricht für die Qualität der bayerischen Bürokratie, daß es ihr rasch gelang, nicht nur den Augiasstall des reichsstädtischen Rechnungswesens auszumisten, sondern auch die Voraussetzungen für den Aufbau einer neuen Administration zu schaffen.

Zugleich wurde die Säkularisierung von Kirchenvermögen in Angriff genommen. So wurden die noch bestehenden Klöster aufgehoben und die Gebäude militärischen Nutzungen zugeführt. Kapellen wurden geschlossen, sogar Wallfahrten untersagt. Um einen Paradeplatz für die weiß-blauen Truppen zu schaffen, riß man 1808 die romanische Johanniskirche südlich des Domes ab.

Aber die bayerischen Kommissare griffen nicht nur tief in die religiösen Gewohnheiten der Augsburger ein, sie plünderten auch ihre Geschichte: Wertvolle Kunstwerke, Bücher und alte Handschriften aus ehemaligem Klosterbesitz und selbst aus der städtischen Bibliothek wurden nach München verfrachtet. In den Zusammenhang des politischen Zieles, einen überkonfessionellen Staat zu etablieren, gehört die Zusammenlegung des Jesuitengymnasiums mit dem protestantischen Gymnasium bei St. Anna.

So erfüllten sich die schlimmsten Befürchtungen der Katholiken. Bald sah sich auch die übrige Bevölkerung mit unangenehmen Ansprüchen des neuen Staates konfrontiert. Bürgersöhne wurden schon 1806 zur Feldarmee eingezogen. Die Ressentiments gegenüber Bayern nahmen zu: Wie Nürnberg forderte Augsburg 1812 die Restitution seiner Selbstverwaltung. Während des Wiener Kongresses gaben sich einige der Illusion hin,

Augsburg könne seine alte Stellung als Reichsstadt wiedergewinnen oder einen Status als «Bundesstadt» erreichen.

Wenigstens bescherte die bayerische Gemeindeordnung, die nach Montgelas' Sturz erlassen wurde, kommunale Selbstverwaltungsrechte. Der Magistrat sollte danach von 36 «Gemeindebevollmächtigten» gewählt werden. Die Wahl letzterer stand den Bürgern zu; doch war das Wahlrecht Haus- oder Grundbesitzern und Leuten vorbehalten, die ein steuerpflichtiges Gewerbe betrieben. Von den damals vielleicht 30 000 Einwohnern Augsburgs erfüllten etwas mehr als zehn Prozent diese Bedingung. Trotzdem markiert die neue Verfassung einen wichtigen Schritt hin zu einer Integration der Bürgerschaft. Sie sollte in den Grundzügen ein Jahrhundert lang Bestand behalten.

Was nicht gelang, war die Überwindung der konfessionellen Gegensätze. Bezeichnenderweise wurde die Vereinigung des katholischen und des protestantischen Gymnasiums 1828 – inzwischen herrschte in München Ludwig I. – wieder rückgängig gemacht; auch im Alltag blieb die «unsichtbare Grenze» bestehen. Wilhelm Heinrich Riehl beobachtete noch 1857: «*Soll der Protestant sein Fleisch bei einem katholischen Metzger kaufen? Soll der Katholik ein zerbrochenes Stuhlbein bei einem protestantischen Schreiner zusammenleimen lassen? Das sind für manche Augsburger noch immer scrupulöse Fragen*».

Das romantische Augsburg

Mit dem Untergang des *Ancien régime* war Augsburgs kulturelle Zentralität dahin, und zwar für immer. Die Spätblüte des Kunsthandwerks hatte darüber hinweggetäuscht, daß die Musik inzwischen – buchstäblich – anderswo spielte. Schon der Wegzug der Mozarts steht für einen Trend, der sich noch in der Laufbahn Bertolt Brechts, der seinen Ruhm nicht in Augsburg, sondern zuerst in München, dann in Berlin suchte, spiegelt. Maler, Komponisten, Dichter von überregionalem Rang – von Brecht abgesehen – hat Augsburg im 19. und 20. Jahrhundert nicht mehr hervorgebracht. Zu seiner Zeit berühmt war der Jugendschriftsteller Christoph von Schmid (1768–1854), der seit 1827 in der Karmelitergasse wohnte. Einige seiner erbaulichen und belehrenden Werke erreichten hohe Auflagen. Die von Johann Friedrich Cotta

Aussicht vom «Lueg ins Land». Kolorierter Stahlstich von Josef Hutter.

herausgegebene «Allgemeine Zeitung», die 1810 ihren Erscheinungsort von Ulm nach Augsburg verlegte, brachte es zur führenden deutschen Tageszeitung. Sie erschien, zuletzt in München, bis 1908.

Den Fremden erschien die *Augusta* nun als verklärter Erinnerungsort des Mittelalters, als monumentales Museum: Das Wort vom «Pompei der deutschen Renaissance» – der gerade zitierte Riehl prägte es mit Blick auf die Holl-Architektur – deutet Erstarrung und Versteinerung an, obwohl es eher freundlich gemeint war. Die alten Mauern Augsburgs, die Kunstschätze, die es bewahrte, wurden zur romantischen Erzählung.

Bilder der Zeit um 1820/30 zeigen eine Stadt, die ihre Rechnung mit der Geschichte gemacht zu haben scheint. Sie führen heitere, biedermeierliche Szenerien vor Augen: Sommerfeste, zufriedene Bürger beim sonntäglichen Flanieren, beim Zechen auf dem «Lueginsland» oder «Bei den Sieben Tischen» in einem Wäldchen draußen vor dem Mauerring. Dort befanden sich auch die «Sommerresidenzen» der Hautevolee, wie schon im

18. Jahrhundert: Gartenhäuser und Pavillons, wo man sich vom Alltag im Comptoir oder an der Börse erholte. Und sie kamen in Vereinen zusammen, die auch in Augsburg an die Stelle der ständischen Gemeinschaften getreten waren. Ein Kunstverein wurde 1833 gegründet, ein historischer Verein im Jahr darauf; dazu konstituierten sich Liedertafeln und exklusive Bürger-Kränzchen mit harmlosen Namen wie «*Harmonie*» oder «*Frohsinn*». Sie standen einerseits gegen die «atomisierende» Wirkung der großen Institutionen und waren zugleich Ausdruck moderner Individualisierung (Wolfgang Hardtwig). Allein der Handwerker-Zirkel «*Ressource*» um den liberalen Drucker und Verleger Albrecht Volkhart mag ein politischer Debattierclub gewesen sein.

Aufbruch ins industrielle Zeitalter

Volkhart wurde schon 1832 verhaftet und für sechs Jahre ins Zuchthaus gesteckt. Er ist freilich der einzige politische Kopf des Augsburger Vormärz, der schärfere Kontur gewinnt. Sonst hatten Polizei und Zensur wenig zu tun, die Stadtgesellschaft wirkt merkwürdig unpolitisch. Trotzdem: Die Idyllen, die Künstler wie Franz Thomas Weber oder Josef Hutter geben, täuschen. Augsburgs Aufbruch ins industrielle Zeitalter hatte bereits begonnen. Die Welt, von der Weber erzählt, ist an ihr Ende gelangt. Erster Apparat der Augsburger Moderne war die dampfbetriebene Schnelldruckpresse, die in Cottas Verlagsgebäude seit 1824 fauchend ihr Tagwerk verrichtete. Zur gleichen Zeit begann die Kattundruckerei Schoeppler und Hartmann mit englischen Maschinen zu arbeiten.

Die Gründung des Zollvereins bedeutete auch für Augsburgs Unternehmer, daß Investitionshemmnisse beseitigt und der Binnenhandel erleichtert wurden. Andererseits verschärfte sich der Wettbewerb mit München. So gelang es nicht, Augsburg zum Sitz der neugegründeten Nationalbank, der «Bayerischen Hypotheken-und Wechselbank», zu machen. Bald stellte auch Münchens Börse die Konkurrenz am Lech in den Schatten. Dafür zeigte Augsburgs Wirtschaft auf anderen Gebieten Stärken, im Textilbereich und dann im Maschinenbau, der zu einem der Leitsektoren der Industrialisierung wurde.

Genügend Kapital war vorhanden. Der Geldbedarf der Kriegsjahre hatte die Finanzbranche begünstigt. So hatte Lorenz von Schaezler (1762–1826) den Grundstock seines riesigen Vermögens als Finanzier der bayerischen Krone geschaffen; er brachte es zum reichsten Augsburger seiner Zeit. Sein Sohn Ferdinand machte die Schaezler-Bank zum wichtigsten Kreditgeber der Frühindustrialisierung. So organisierte das Haus 1837 die Finanzierung der Mechanischen Baumwoll-Spinnerei und Weberei, der späteren «SWA». Das Aktienkapital von 1,2 Millionen Gulden war innerhalb von wenigen Tagen gezeichnet. Auch am Aufbau einer Eisenbahngesellschaft, die am 4. Oktober 1840 ihren Betrieb aufnahm, war Schaezler beteiligt.

Zu einem Meilenstein der Industriegeschichte der Stadt wurde die Gründung einer Maschinenfabrik vor den Toren der Stadt, unterhalb des «Lueginsland». Der Betrieb wurde 1844 von den Ingenieuren Carl August Reichenbach und Carl Buz gepachtet und später – 1855 – übernommen. Am Anfang stand die Produktion von Druckmaschinen, Wasserturbinen und Dampfmaschinen, die von der in dynamischem Wachstum begriffenen Textilindustrie gebraucht wurden. Aus dem Unternehmen entwickelte sich die Weltfirma MAN, 1897 wird hier Rudolf Diesel den ersten funktionsfähigen Dieselmotor in Betrieb nehmen. Im Jahr der Revolution wurde schließlich eine «Gasbeleuchtungs-Aktiengesellschaft» gegründet. Auch Augsburgs Bürger, die in ihrer Mehrheit bis ins 18. Jahrhundert mit der Sonne gelebt hatten, gingen nun an die Eroberung der Nacht.

1848

Die Industrialisierung wurde von einer raschen, wesentlich von Zuwanderung herrührenden Bevölkerungszunahme getragen. Um 1830 hatte Augsburg noch immer rund 30 000 Einwohner; zwei Jahrzehnte später waren es nahezu 40 000. Niemals in ihrer Geschichte war die Stadt schneller gewachsen. Das Angebot an Arbeit hielt aber damit nicht Schritt, so daß die Zahl der «Selbständigen ohne Haus- und Grundbesitz» deutlich zunahm (Ilse Fischer). Hinter der Formel verbirgt sich der Niedergang traditioneller Berufe, drastischer gesagt: das Ende der alten Handwerkerstadt Augsburg.

Der Augsburger Bahnhof vor dem Roten Tor. Lithographie, 1840.

Die Handwerksmeister fanden sich zwischen den Mühlsteinen der Entwicklung. Sie konnten ihre Produkte auf den von industriell und damit billig hergestellten Waren überschwemmten Märkten nicht mehr absetzen, der Abstieg in die Fabrikarbeiterschaft drohte. Für ihre Gesellen waren die Zukunftsaussichten noch dunkler, auch deshalb, weil Meisterstellen rar wurden. So gab es in der einstigen Webermetropole Augsburg zur Zeit der ersten Fabrikgründungen gerade noch etwa 150 selbständige Meister. Ihr Kampf gegen die heraufziehende Moderne, gegen die «großen Fabriken», gegen Gewerbefreiheit und Freihandel war aussichtslos. Andererseits waren die entstehenden Industriebetriebe noch lange nicht in der Lage, alle mit Arbeit zu versorgen: Die Augsburger Maschinenfabrik zum Beispiel beschäftigte 1848 ganze 89 Arbeiter.

«Revolutionäres Potential» wäre also vorhanden gewesen. Dennoch, «1848» fand hier praktisch nicht statt. Ein Auflauf vor dem Rathaus, Adressen nach München mit den üblichen Märzforderungen, Aufstellung einer Bürgerwehr, schwarz-rot-goldene Kokarden und Fahnen – das war eigentlich schon alles. Der unspektakuläre Verlauf der 48er-Bewegung in Augsburg wurde in der Forschung darauf zurückgeführt, daß die Strukturkrise hier durch zahlreiche sozialpolitische Initiativen abgefedert worden sei; das zeigte sich während der Hungerkrise von 1846/47, die sich in Augsburg weit weniger bemerkbar machte als anderswo. Wichtiger noch war, daß die konfessionelle Differenz andere politische Gegensätze überlagerte. Bezeichnenderweise richtete sich die einzige Demonstration, bei der Pflastersteine flogen, gegen einen als ultramontan geltenden Magistratsrat.

Liberale und erst recht die demokratische Linke waren im Augsburger Milieu zunächst ohne Chance. Die seit der napoleonischen Zeit aufgestiegene neue Elite – Bankiers, Fabrikanten, Kaufleute, Verwaltungsbeamte – blieb fest an der Seite der Regierung, aber auch die Arbeiterschaft wurde in einem Regierungsbericht als konservativ und loyal, als «wahre Stütze für die Ruhe und Ordnung» qualifiziert. Die Gründung eines «Märzvereins» zur Verteidigung der revolutionären Errungenschaften wurde bezeichnenderweise nicht von einem Einheimischen, sondern von dem Bamberger Rechtsanwalt Dr. Kronacher angeregt.

Die Ablehnung der Frankfurter Reichsverfassung durch Max II. sorgte dann doch für Unruhe. Allein in Augsburg kamen 10 000 Unterschriften zugunsten der Verfassung zusammen. Der Märzverein erhielt Zulauf; doch war die Blüte von kurzer Dauer. Ende Mai wurde Kronacher verhaftet, wegen Hochverrats angeklagt und ins Zuchthaus gesteckt, sein Stellvertreter floh. Im Sommer rückte Militär in Schwaben ein; auch Augsburgs demokratische Bewegung war damit am Ende. Selbst der 1847 gegründete Turnverein (der spätere TSV 1847 Schwaben Augsburg) wurde verboten und erst wieder zugelassen, nachdem das Vereinsziel, die Einheit des deutschen Volkes anzustreben, aus der Satzung gestrichen war.

Ein Erbe der gescheiterten Revolution war die Herausbildung der Keimzellen späterer Parteien. Interessant ist, daß man sie in Augsburg noch lange über konfessionelle Kategorien zu fassen suchte. Konservativ und katholisch erschienen ebenso als Synonyme wie protestantisch und liberal.

Das Fortschreiten des Industrialisierungsprozesses in den fünfziger Jahren begünstigte den Liberalismus; durch sein Eintreten für die Gewerbefreiheit zog er Bankiers und Unternehmer auf seine Seite. Mit dem «Bürgerverein» schufen sich die Liberalen 1864 eine parteiähnliche Organisation. Ihre katholischen Gegner gründeten nach dem Krieg von 1866 das konservative «Casino», ein Pendant zur Münchner «Patriotenpartei», die gegen die kleindeutsche Politik Bismarcks Front machte.

In dieselbe Zeit fallen die Anfänge einer organisierten Arbeiterbewegung. Ein historisches Datum ist der 29. März 1864, als der Mechaniker Friedrich Dürr eine Mitgliedgruppe von Lassalles «Allgemeinem Deutschen Arbeiterverein» (ADAV) – und damit die erste sozialdemokratische Gruppierung Bayerns – ins Leben rief. Der Versuch, einen deutschen Arbeiterverein mit Sitz in Augsburg zu etablieren, scheiterte; die Mitglieder gingen noch im Mai zur Sozialdemokratie Eisenacher Provenienz über.

Die revidierte Bayerische Gemeindeordnung von 1869 kannte das Amt des Stadtkommissars nicht mehr, sie bescherte Augsburg das direkte Wahlrecht und schaffte den Zensus ab, so daß fortan breitere Bevölkerungsschichten am demokratischen Prozeß teilhatten. Eine hohe Hürde blieb allerdings als Relikt ältester Vergangenheit erhalten: die Kosten für den Erwerb des Bürgerrechts entsprachen mit 50–100 Gulden noch immer etwa dem doppelten Monatsverdienst eines Fabrikarbeiters (Volker Dotterweich).

Im Kaiserreich

Schwarz, rot, liberal: Politische Kraftfelder

«Ein wenig Reichsstadt» war Augsburg nochmals im Sommer 1866. Als die Freie Stadt Frankfurt von Preußen annektiert wurde, verlegte der Bundesrat seinen Sitz für einen Monat in Augsburgs Nobelhotel *Drei Mohren*. Das ist aber nur eine Fußnote zur Vorgeschichte der Reichsgründung von 1871. Nach Sedan wehten auch in Augsburg schwarz-weiß-rote Flaggen, dazu waren ein paar schwarz-rot-goldene Tupfer zu sehen, Reminiszenzen an das nun so ferne Jahr 1848. Der Friedensschluß dann wurde mit Feuerwerk und Fackelzügen gefeiert, Arbeiterkapellen intonierten Kaiserhymne und «Wacht am Rhein».

Am Lech war die Freude nicht ungeteilt. Die Vorbehalte der Linken gegen das aus Blut und Eisen gezimmerte Reich blieben im allgemeinen Siegestaumel ohne Resonanz; dafür brachen – bezeichnend für Augsburgs politische Landschaft – alte Ressentiments zwischen den Konfessionen auf. Nicht wenige sahen im Triumph der preußischen Kanonen vor allem einen Sieg von Protestantismus und Liberalismus über die katholischen Partikularisten. Während des Kulturkampfes schlugen sich konservative Protestanten auf die Seite der «Ultramontanen»; Anlaß zum Streit waren die Berufung eines weltlichen Stadtschulrates in die Schulkommission, die Neueinteilung der Schulsprengel ohne Rücksicht auf Pfarrgrenzen, außerdem der Plan, im Hettenbachviertel eine Simultanschule zu errichten. Während einer Protestversammlung im September 1872 eiferte ein Redner, damit sei der Weg zur konfessionslosen Schule beschritten, das führe zum «*Petroleumsgeist, zum Geist der Internationale, zum Vernichtungsgeist.*»

Die Reichstagswahlen im folgenden Jahr brachten einen Erdrutsch-Sieg für die katholischen Patrioten, die noch 1871 eine

Der Abbruch der Augsburger Stadtmauer; Szene am Gögginger Tor beim heutigen Königsplatz. Photographie von Carl Jochner, um 1860.

Das Stadttheater. Photographie von Carl Jochner, vor 1878.

herbe Niederlage hatten einstecken müssen. Das Resultat war ein Protest gegen den säkularen Staat, gegen das «preußische Reich»; auch gegen eine Moderne, die dabei war, alles Gewohnte auf den Kopf zu stellen. Auf Reichsebene wurde Augsburg fortan bis 1918 von Patrioten, die 1887 mit dem Zentrum verschmolzen, vertreten; auch bei Landtagswahlen dominierten bis zum Anfang des folgenden Jahrhunderts Kandidaten, die dem politischen Katholizismus angehörten: Man erhoffte sich vom Glauben Orientierung, von der Heimat Geborgenheit in der kalten politischen Realität des Bismarck-Reiches. Die kommunalpolitische Landschaft aber wurde von einem zusehends konservativen, national orientierten Liberalismus beherrscht, der seine Hochburg in der Innenstadt hatte. Eine mittelständische Protestpartei, der «Neue Bürgerverein», blieb ohne politisches Gewicht.

Großstadt

Der *take off* der fünfziger Jahre hatte sich auch in der Stadt am Lech bemerkbar gemacht. Das Eisenbahnnetz wurde ausgebaut; immer neue Unternehmen siedelten sich an, so – auf dem Gelände einer alten, seit dem 17. Jahrhundert nachweisbaren Papiermühle – die Haindlsche Papierfabrik. Dazu kam immer mehr Textilindustrie. Die Kontinuität zu frühneuzeitlichen Verhältnissen zeigte sich auch hier an der Topographie: das «Textilviertel» am Schäfflerbach war schon immer Standort der Bleicher und Färber gewesen. Zwar nahmen Maschinenbau und Metallindustrie an Bedeutung zu; im Ganzen behielt Augsburg seinen Charakter als Textilstadt. Das hieß, daß große Teile der Bevölkerung von einer extrem krisenanfälligen Branche abhängig blieben. Die Einführung der Gewerbefreiheit, 1868, eröffnete zwar dem Mittelstand neue Perspektiven, verstärkte indes auch den Druck auf das Handwerk; die Gesellschaft der Kaufleutestube hatte sich übrigens schon 1854 aufgelöst.

Mit der wirtschaftlichen Expansion wuchs die Bevölkerung, zunächst wie bisher fast nur durch Zuwanderung, so daß der Katholikenanteil an der Einwohnerschaft weiter zunahm. Seit der Jahrhundertmitte zogen außerdem immer mehr jüdische Familien in die Stadt. Allmählich wurden Geburtenüberschüsse die Regel, die Mortalität ging zurück. Doch blieb die Sterblichkeit in den Vorstädten und Arbeitervierteln höher als in den wohlsituierten Kernzonen der Innenstadt. Ein wichtiger Grund dafür lag in den schlechteren hygienischen Verhältnissen, die in den Arbeitervierteln herrschten; ab 1872 wurde damit begonnen, auch in der Unterstadt eine Kanalisation zu graben.

Zugleich wandelten sich die Familienstrukturen. Die Knappheitsgesellschaft hielt dazu an, Familienplanung zu betreiben, die Zahl der Geburten sank. So bildete sich der demographische Körper des modernen Augsburg. Die Kernfamilie – Vater, Mutter, ein oder zwei Kinder – wurde Normalität. Freilich sahen sich immer mehr Frauen genötigt, in die Fabriken zu gehen. 1885 stellten sie etwa ein Viertel aller Erwerbstätigen; vor allem in der Textilindustrie fanden viele Arbeiterinnen Beschäftigung.

Der Lichthof des Hotels «Drei Mohren». Photographie von Friedrich Höfle, um 1900.

Charakteristisch für die Verhältnisse in der industriellen Gesellschaft war schließlich, daß sich Wohn- und Arbeitsbereiche trennten. Damit nahm die Belegung der Häuser mit Mietparteien zu, Wohnungen wurden knapp; die Mieten stiegen und stiegen, obwohl überall gebaut wurde. In den Häuserschachteln der Wertachvorstädte drängten sich oft sieben, acht Menschen in einem Zimmer, teilten sich dort zu zweit, zu dritt das Strohlager. Der Weg «zur Freiheit, zur Sonne» war damals unendlich weit.

Um die Mitte der sechziger Jahre hatte Augsburg wieder eine Einwohnerzahl erreicht, die ungefähr jener Zeit vor dem Dreißigjährigen Krieg entsprach. Die alte Stadt durchbrach jetzt die Mauern, die sie seit dem 14. Jahrhundert umschlossen hatten; noch vor dem Krieg von 1866 wurde die Festungseigenschaft Augsburgs aufgehoben. Da Augsburg im Osten von Fabrikanlagen umschlossen war, drängte die Stadtentwicklung nach Westen, hin zum Bahnhof und darüber hinaus. Am östlichen Altstadtrand sind deshalb lange Strecken der alten Befestigungsanlagen bis heute erhalten geblieben.

Im Zentrum entstanden seit der Jahrhundertmitte repräsentative Bauten, Monumente des gründerzeitlichen Bürgertums, das

sich nicht scheute, tiefe Breschen in das historische Augsburg zu schlagen. So mußte das «Imhofhaus», ein mittelalterlicher Patrizierpalast, dem Neorenaissancebau eines Unternehmers weichen. Jacob Burckhardt, der 1882 durch Augsburg reiste, echauffierte sich über den Umbau des Hotels «Drei Mohren»: Früher, erinnert er sich, hätten «*stille ältere Granden aus Augsburg*» im Rokokosaal des Erdgeschosses ihre Schoppen geschlürft: «*Jetzt aber, o Himmel! finde ich Alles umgebaut zu einem Riesenhotel mit enormem glasüberwölbtem Hof, gegen welchen vier Palastfassaden schauen*» – der Umbau sei, erzählte man ihm, dem «*Wahnsinn*» einiger «*Banquiers in der Gründerzeit*» zu verdanken...

Mechanische Spinnerei, Werk Aumühle, der «Glaspalast». Photographie von Johannes August Siemssen (?), um 1910.

Während Geschichte in großem Stil vernichtet wurde, konstruierte man sich synthetischen Ersatz. Dem Historismus stand eine Musterkollektion von Baustilen zur Verfügung, die sich sinnfällig einsetzen ließen. Ein neues Krankenhaus wurde im neugotischen, «Religion» signalisierenden Stil errichtet; das pompöse Stadttheater, das 1877 eingeweiht wurde, präsentierte sich in Neorenaissance. Anderes, so das Verwaltungsgebäude gegenüber dem Rathaus, suchte den Dialog mit der Architektur

Elias Holls. Zu den bedeutenden Bauten der Epoche zählten die Herz-Jesu-Kirche in Pfersee mit ihrer Jugendstil-Ausstattung und Fritz Landauers Synagoge an der Halderstraße.

An urbanistische Flurbereinigungen, wie sie damals das Zentrum von Paris erlebte, wagten sich die Nachfolger Holls nicht. Eine über den zugeschütteten Stadtgräben geplante Ringstraße wurde nur teilweise verwirklicht; Alleestraßen wie Fuggerstraße und Konrad-Adenauer-Allee erinnern daran. Noch der härteste Schnitt durch die Struktur der Altstadt wurde um die Jahrhundertwende gemacht: der Durchbruch der Bürgermeister-Fischer-Straße, die nun das elegante Entree in die Innenstadt bot.

In der Peripherie wuchsen immer neue Industrieanlagen empor, manche von eigenem ästhetischem Reiz. Das Werk Rosenau der Mechanischen Spinnerei und Weberei wirkt wie eine barocke Schloßanlage. Das 1910 fertiggestellte Werk Aumühle des Unternehmens ist bereits Präludium des Neuen Bauens.

Damals hatte die Einwohnerzahl die 100 000-Grenze übersprungen. 1911 konnte sich Augsburg als «Großstadt» feiern. Durch weitere Eingemeindungen wuchs die Bevölkerung bis 1914 auf 152 000 an.

Die Arbeiterbewegung

Die prägnanteste Entwicklung im politischen Kräftefeld im letzten Drittel des 19. Jahrhunderts war der Aufstieg der Sozialdemokraten. Bei den Reichstagswahlen von 1871 hatten sie nur 2,4 Prozent erreicht, 1874, nach dem «Gründerkrach», waren es immerhin 7,3 Prozent. Der Weg zu einer Partei mit Massenbasis deutet sich seit 1887 an. Bei der Reichstagswahl von 1890 lag der Stimmenanteil der Sozialdemokraten bei 21,8 Prozent, um bis 1912 fast 30 Prozent zu erreichen.

Die Gewerkschaftsbewegung sah sich großen Schwierigkeiten gegenüber. Die Gründungswelle gewerkschaftlicher Organisationen hatte Ende der sechziger Jahre auch Augsburg erreicht, damals waren die ersten Streiks der industriellen Zeit aufgeflackert. Das Scheitern eines Arbeitskampfes in der Spinnerei und Weberei Krauss im Sommer 1869 – er richtete sich gegen Hungerlöhne und schlechte Arbeitsbedingungen – erwies sich

Die Synagoge an der Halderstraße, Inneres.

als Hypothek für die Zukunft. Die Arbeiterbewegung blieb zersplittert, der Organisationsgrad der Industriearbeiterschaft war auch nach Auslaufen des Sozialistengesetzes gering; am Anfang des 20. Jahrhunderts lag er bei weniger als einem Drittel der Beschäftigten. Damals klagte ein Funktionär über die Gleichgültigkeit der Arbeiter, die er auf eine Mischung aus Bequemlichkeit und Furcht vor Repressalien zurückführte.

Tatsächlich sahen sich Aktivisten rasch Maßregelungen ausgesetzt, und sie hatten um ihre Arbeitsplätze zu fürchten. Betriebliche Wohlfahrtseinrichtungen, Pensionskassen und Vereine zur Krankenunterstützung trugen dazu bei, ein «wirtschaftsfriedliches» Klima zu schaffen, das der konservativen Einstellung der vorwiegend katholischen Arbeiterschaft ohnedies entsprach (Gerhard Hetzer). Daß sich überkonfessionelle christliche Gewerkschaften in Augsburg kaum entfalten konnten, war spätes Erbe des alten paritätischen Systems. Christlich, das hieß hier immer zuerst katholisch oder protestantisch.

Klassenkämpferische Töne fanden kaum Gehör. Der 1893 gegründete «Verband Ordnungsliebender Arbeiter», der sich zur Dachorganisation der antisozialistischen Arbeitervereine entwickelte, brachte es zeitweilig zu beträchtlichem Einfluß – nicht zuletzt dank der massiven Unterstützung durch die Unternehmer, die möglichst «Ordnungsliebende» bei Einstellungen bevorzugten. Ein Arbeitskampf in den Münchner und Nürnberger Maschinenfabriken im Sommer 1905, den die Betriebsleitung auch in Augsburg, wo es gar keine Streiks gegeben hatte, mit Aussperrung beantwortete – gut 5 000 Arbeiterinnen und Arbeiter waren betroffen, mit ihren Familien vielleicht 15–20 000 Menschen – führte nur kurzfristig zu einem Bewußtseinswandel in der Augsburger Arbeiterschaft. Die Gründung eines «*Arbeitervereins von Werk Augsburg*», der Wohlfahrtseinrichtungen betreute und von der Firmenleitung reichlich alimentiert wurde, trug zur Befriedung der Verhältnisse bei. Das Modell machte Schule. Die Werkvereine entwickelten sich zu effizienten Waffen im Kampf gegen Streiks und zur Eindämmung der Sozialdemokratie. Immerhin drangen Sozialdemokraten allmählich ins Rathaus vor.

Weltkrieg

Während der ersten Augusttage des Jahres 1914 breitete sich ein strahlender Spätsommerhimmel über Augsburg. Mit klingendem Spiel marschierten die feldgrauen Bataillone zu ihren Verladeplätzen; Blumen bekränzten die Uniformen der Soldaten, man reichte ihnen Kaffee, Wein, steckte ihnen Kuchen und Biskuits zu, Fahnen leuchteten im hellen Sonnenlicht. Es war, wie ein Zeitgenosse sich erinnert, ein Geschwirr von Lachen, Singen und Zurufen, eigentlich ein wogendes Fest. Mit dem alten «*Mueß i denn, mueß i denn zum Städele hinaus*» wurden die jungen Männer verabschiedet. Viele von ihnen sollten Augsburg nicht wiedersehen. Was die Stunde geschlagen hatte, merkten die Zurückgebliebenen, als die ersten Verwundetentransporte eintrafen und Verlustlisten veröffentlicht wurden.

Alle, die in der Hochstimmung des «Augusterlebnisses» gemeint hatten, der Krieg werde bald siegreich beendet sein, sahen sich getäuscht. 1915 kam der Hunger; die Lebensmittel mußten rationiert werden. Vor allem jene, die nicht in kriegswichtigen Bereichen arbeiteten – das waren in erster Linie Frauen und Kinder – litten Mangel. Die städtische Wirtschaft wandelte sich zur

Kriegswirtschaft: Die Zahl der Textilarbeiterinnen und -arbeiter halbierte sich, da es an Rohstoffen mangelte. Arbeitslosigkeit und Not waren die Folge. Dafür wuchs die Zahl der in der Rüstungsindustrie Beschäftigten: Augsburg baute Ballone, lieferte Heeresartillerie, Munition und U-Boot-Motoren; seit 1916 produzierten die Haunstettener Rumpler-Werke Flugzeuge, die «Rumpler-Tauben», für das bayerische Fliegerkorps.

Währenddessen kämpften und starben auch junge Augsburger an den Fronten des großen Krieges, auf dem Balkan, in Rumänien, Lothringen und an der Somme, in den Schützengräben vor Verdun. Am Ende zählte Augsburg über 3500 Gefallene. Die Stadt hat ihnen bis heute kein Denkmal gesetzt.

Trotz des Hungers und ungeachtet der ökonomischen Verwerfungen hielt der Burgfrieden unter den Augsburger Parteien bis in die letzten Tage des Weltkrieges. Nach dem Umsturz in München und dem Zusammenbruch der Monarchie übernahm auch am Lech ein Arbeiter- und Soldatenrat die Macht. Sein Vorsitzender Ernst Niekisch wird später als Führer der Nationalbolschewisten in Berlin hervortreten.

Luzifers Abendlied

Brecht

In seinem Mansardenzimmer an der Augsburger Bleichstraße feilte in den letzten Septembertagen des Jahres 1918 ein junger Mann an einem Gedicht, dem er den Titel «*Luzifers Abendlied*» gab. Es ist eine Absage an die leeren Parolen, mit denen man Deutschlands Jugend in die Schützengräben geschickt hatte, Warnung vor dem Trost der Metaphysik. Zugleich ist es Aufforderung, das Hier und Jetzt zu ergreifen, das Leben in vollen Zügen zu genießen, denn nach ihm komme nichts als der Tod. Die erste Strophe des Lieds klingt prophetisch angesichts dessen, was das düstere 20. Jahrhundert mit sich gebracht hat:

> «*Laßt euch nicht verführen,*
> *es kommt keine Wiederkehr!*
> *Wollt ihr den Tag verlieren?*
> *Ihr könnt schon Nachtwind spüren.*
> *Es kommt kein Morgen mehr…*»

Der «Luzifer», der hier sein Abendlied sang, war der gerade 19jährige Bert Brecht. Mit Begeisterung beteiligte er sich nach Kriegsende an der revolutionären Bewegung, nahm an Versammlungen des Arbeiter- und Soldatenrates teil. Daneben versah er ernsthaft den Dienst als «Krankenwärter» in einer Lazarettbaracke. Und er schrieb: Theaterkritiken für den «Volkswillen», ein Blättchen der USPD; sein erstes Theaterstück, die «*Trommeln in der Nacht*»; daneben die zweite Fassung des «*Baal*». Als es nach der Ermordung Kurt Eisners zu Schießereien und Blutvergießen kam, sich schließlich eine Rätediktatur etablierte, hielt Brecht sich im Hintergrund. «Gefährliche Tätigkeiten, in die man selbst hätte verwickelt werden können, waren nicht sein Geschmack», meint sein Bruder Walter,

Blick von St. Moritz auf Rathaus und Perlachturm, 1. Mai 1941. Photographie von Joseph Eschenlohr.

der jenen Augsburger Jahren bewegende Erinnerungen gewidmet hat.

Die Stadt am Lech und Brecht – das ist die Geschichte einer seltsamen Liebe, die vielleicht nur verstehen kann, wer Augsburg ein wenig kennt. Die Stadt spielt darin den Part der Mutter, einer warmherzigen, wenngleich etwas schlichten Schwäbin; ihr Sohn mag etwas Besonderes sein, das ahnt sie, schließlich sagt es alle Welt. Und doch fragt sie sich von Tag zu Tag, wie es sein kann, daß ein solch chimärischer Wechselbalg aus ihrem Schoß gekrochen sein soll: Er ist extravagant und zynisch, sensibel, höhnisch und frech, bibelfest und atheistisch; in der zu großen Lederjacke spreizt er sich, zeigt sich, mit phallischer Zigarre, als Lümmel und Proletarier, auf freilich etwas artifizielle Art. Nicht gerade von adonischer Gestalt, betört er doch die schönsten Frauen, betet sie an, beutet sie aus; er predigt Klassenkampf, entlarvt «Verhältnisse» und macht daneben einige der zärtlichsten Liebesgedichte, die es in deutscher Sprache gibt. Lakonisch und hart kann er schreiben und sentimental bis zum Kitsch.

Tatsächlich ist dieser Eugen Brecht – so nennt ihn, nach dem ersten Vornamen, der Bruder – sozusagen eine Sonderstruktur in der kleinen Großstadt, die ihn doch mehr geprägt hat als München und selbst Berlin. Sein Augsburger Realgymnasium, dessen Lehrer ihn nach eigenem Bekunden nicht wesentlich zu fördern vermochte, hat ihm jene grundsolide Bildung verpaßt, die sein Werk durchtränkt. Augsburg hat ihm seine Sprache gegeben, er wird den häßlichen Dialekt der Lechstadt lebenslang kultivieren; sie ist Ort seiner ersten Liebschaften: Paula Banholzer, die er «*Bi*» – für «*Bittersüß*» oder «*Bittersweet*» – nennt, dann (oder vielmehr gleichzeitig, die liaisons überschneiden sich) Marianne Zoff, Mezzosopranistin am Theater.

Im bedächtigen Augsburg hatte es so einen in tausend Jahren nicht gegeben. Brecht schart eine Truppe Gleichgesinnter um sich, den Bühnenbauer «Cas» Neher, den Lyriker Hanns Otto Münsterer und ein paar andere, man singt die von «B.B.» gedichteten Lieder, macht die Nächte unsicher, als ob es gälte, die zweite Strophe von «*Luzifers Abendlied*» in die Tat umzusetzen. Es ist die einzige Bohème, die Augsburg damals hervorgebracht hat. 1920, mit dem Tod der Mutter, der ihn tief erschüttert, sind Brechts Augsburger Jahre vorbei. Er kommt nur gelegentlich zu-

Bert Brecht in der Augsburger Maximilianstraße, 1920.

rück. Augsburg bleibt aber in seinem Werk ein viel größeres Thema, als es die paar wörtlichen Erwähnungen der Vaterstadt vermuten lassen.

Im Staat von Weimar

Augsburgs kurzlebige Räterepublik gehörte seit den Ostertagen des Jahres 1919 der Vergangenheit an. Nach heftigen Kämpfen – es gab 44 Tote – besetzten Verbände der Reichswehr und Freikorps die Stadt. Anfang Mai kehrte allmählich Ruhe ein. Vom fernen München war noch der Geschützdonner zu hören, der das Ende der kommunistischen Herrschaft an der Isar anzeigte.

Mit dem Ende des alten Staates verschwand, als letztes Relikt der Reichsstadtzeit, das Bürgerrecht. Mit dem Selbstverwaltungsgesetz vom 22. Mai erhielt Augsburg einen einheitlichen Stadtrat, der das Zweikammer-System ersetzte. Zum ersten Mal durften Frauen wählen. Erster Bürgermeister im «Weimarer

Augsburg» wurde Kaspar Deutschenbaur, ein Mann der Bayerischen Volkspartei; zu seinem Vertreter wurde Friedrich Ackermann von der SPD gewählt. Das entsprach den Mehrheitsverhältnissen im Rat; sie boten die Grundlage für eine Art «Zauberformel», die bis in die Endphase der Republik Bestand hatte. Allein die Kommunisten opponierten in einem Stadtparlament, in dem die Parteien angesichts schwieriger wirtschaftlicher Probleme pragmatisch zusammenarbeiteten.

Die Hyperinflation von 1923 ruinierte die Vermögen zahlreicher Augsburger Stiftungen, verzehrte die Rücklagen vieler Bürger und schürte die Ressentiments gegen den Weimarer Staat. Der alte bürgerliche Liberalismus versank derweil in Bedeutungslosigkeit; auch die Gewerkschaften konnten sich nicht konsolidieren. Davon profitierte in Maßen die Kommunistische Partei, die sich in Augsburg jedoch nie eine Massenbasis schaffen konnte.

Bis zur Weltwirtschaftskrise betrieb der Rat, was man eine solide Kommunalpolitik nennt. Ausbau der Kanalisation, Fragen der Energieversorgung, Wohnungs- und Straßenbau, dazu die Errichtung einiger neuer Schulen, dergleichen bestimmte die Agenda. Spektakuläre Projekte wurden nicht mehr angegangen; allein die Markthallen auf dem Gelände einer Tabakfabrik zwischen Fugger- und Annastraße setzten einen städtebaulichen Akzent. Sie wurden 1930 eingeweiht. Von nun an konnte man Fleisch, Gemüse und andere Lebensmittel zentral einkaufen; bisher – genauer: seit dem hohen Mittelalter – waren die Viktualienmärkte über die ganze Innenstadt verteilt gewesen.

Daß den Augsburgern damals der Bauch über die Kultur ging, versteht sich. Die großen künstlerischen Entwicklungen der Zeit berührten die Provinzstadt kaum. Immerhin brachte Otto Falckenberg sein Ensemble gelegentlich zu Gastspielen nach Augsburg; 1922 inszenierte er hier Brechts «Trommeln in der Nacht». Falckenberg war es auch, der die Einrichtung einer Freilichtbühne am Roten Tor anregte; Richard Strauss wird hier 1936 sein Jahrhundertwerk «Elektra» dirigieren. Und der Kunstverein, der einen Pavillon an der Hallstraße besaß, holte noch in der Nazizeit Bilder von Otto Dix, Paul Klee (der einige Zeit in Gersthofen bei Augsburg verbracht hat), Max Beckmann und anderen in die Stadt.

Machtergreifung und «Arisierung»

Nach der Weltwirtschaftskrise von 1929 verlor die Stadtpolitik ihre Gestaltungsspielräume. Wie schon zur Spätzeit des *Ancien régime* brach der Haushalt unter den steigenden Ausgaben für das Wohlfahrtswesen zusammen. Ursache war die dramatische Zunahme der Arbeitslosigkeit. Vor den Schaltern der Wohlfahrtsämter bildeten sich lange Schlangen; nicht einmal während der Inflationszeit hatte man ein ähnliches Ausmaß an wirtschaftlichem Elend gesehen, wie Gerhard Hetzer urteilt. Im Winter 1932/33 stieg die Arbeitslosenquote – nicht gerechnet die Kurzarbeiter – auf über 22 Prozent an, im Baugewerbe waren damals mehr als die Hälfte der Beschäftigten arbeitslos. Allein der Textilsektor widerstand, wohl weil er sich im Zeichen der Kriegswirtschaft schon vorher gesundgeschrumpft hatte. Insgesamt lag die Arbeitslosigkeit in Augsburg aber unter dem Reichsdurchschnitt.

Der Aufstieg der Nationalsozialisten vollzog sich vor dem Hintergrund der Wirtschaftskrise. Die Hitler-Partei konnte wie anderswo auf dumpfe Ressentiments gegen das System von Weimar bauen, dazu auf den Antisemitismus derer, die in den Juden Chiffren jener irritierenden, bedrohlichen modernen Welt sahen, in der ihnen der Boden unter den Füßen weggezogen wurde. Wie anderswo war der Untergang der ersten deutschen Demokratie auch am Lech von Schlägereien der konkurrierenden paramilitärischen Trupps der Nazis, dann zwischen Braunen und Roten begleitet.

Indes zeigte sich wieder, daß die Augsburger zu Revolutionen nicht geneigt sind, gleich, unter welchen Farben sie daherkommen. Der Stimmenanteil, den die NSDAP bei den Märzwahlen 1933 am Lech holte, lag mit rund 32,3 mehr als zehn Prozent unter dem Reichsdurchschnitt (43,9 Prozent), auch die Kommunisten holten mit 10,2 Prozent einen leicht unterdurchschnittlichen Anteil. Der wichtigste Grund für diese Abweichungen lag wohl nicht in den etwas günstigeren Arbeitsmarktdaten und wohl auch nicht allein in der Stärke der «sozialmoralischen» Milieus. Ob hier nicht von Ferne nochmals die religiöse Mentalität des paritätischen Systems hineinspielte? Waren die Leute in

Augsburg begrüßt Adolf Hitler, 19. März 1937. Im Hintergrund der Augustusbrunnen.

Augsburg einfach etwas katholischer und auch etwas protestantischer als anderswo, religiöser jedenfalls – so daß die Heilsversprechen der Nazis insgesamt weniger Glauben fanden? Die neueste Analyse der Augsburger Wahlen (durch Patrick Kehl) liefert keine Befunde, die einer solchen These völlig widersprächen. Was sie zeigt, ist aber doch, daß es auch in Augsburg vor allem die Mischung protestantischer und bürgerlicher Elemente war, die den Aufstieg der Nazis begünstigte.

Ungeachtet dessen, daß die NSDAP zusammen mit den Deutschnationalen nur über knapp 38 Prozent der Stimmen verfügten, inszenierte Gauleiter Karl Wahl die Machtergreifung im Rathaus; am 9. März, noch bevor das in München geschah, ließ er die Hakenkreuzfahne aufziehen. Bürgermeister Dr. Otto Bohl von der Bayerischen Volkspartei mußte einem Nazi, Josef Mayr, weichen; der gewählte Stadtrat wurde aufgelöst und durch eine Versammlung verdienter Parteigenossen ersetzt. Die Gleichschaltung verlief nach dem üblichen Muster. Eine erste Verhaftungswelle erfaßte in erster Linie Funktionäre und selbst einfache Mitglieder der Kommunistischen Partei, dazu Gewerkschafter und Sozialdemokraten. Bald waren ihre Organisationen zerschlagen. Einige wurden ins Konzentrationslager Dachau geschafft. Im August konnte Mayr verkünden: «*Der Sieg ist vollkommen. Erobert ist das Reich, erobert das Land, erobert auch die Stadt.*» Für die Republik rührte sich keine Hand. Polizei und Militär hatten das Treiben tatenlos, oft mit klammheimlicher Zustimmung, beobachtet.

Unmittelbar vom Terror des neuen Regimes betroffen waren die etwa 1200 in Augsburg lebenden Juden. Die ersten wurden noch im März verhaftet. Dem reichsweit organisierten Aufruf zum Boykott jüdischer Geschäfte, jüdischer Ärzte und Rechtsanwälte folgte Augsburg bereitwillig. Mit einer subtilen Mischung aus Schikanen, Drohungen und offener Gewalt wurden die Juden zum Verkauf ihrer Geschäfte – der gewöhnlich weit unter Wert erfolgen mußte – genötigt oder gezwungen, die Liquidation zu beantragen. Noch bevor die Nürnberger Gesetze ihre Entrechtung mit einer pseudolegalen Grundlage versahen, hatte die Stadt ihnen verboten, öffentliche Badeanstalten zu besuchen; bald wurden jüdische Kinder vom Unterricht an höheren Schulen ausgeschlossen.

Nach der Reichspogromnacht, während der die Synagoge an der Halderstraße in Brand gesteckt und geplündert wurde, verschärfte sich die Gangart des Regimes. Viele Jüdinnen und Juden wurden verhaftet und ins Konzentrationslager Dachau geschafft; manche gingen ins Exil. Wer blieb, wurde von der Stadtverwaltung in «Judenhäusern» zusammengepfercht. Die meisten der christlichen Mitbürger sahen zur Seite. Beispiele für Humanität und aktive Unterstützung, wie sie dem Komponisten Arthur Piechler – einem «Halbjuden» – zuteil wurden, sind rar.

Hitlers Stadt

Die Politik der Arbeitsbeschaffung, die der NS-Staat verfolgte, begünstigte vor allem die Rüstungsproduktion und damit auch Augsburgs Metallindustrie. Die Bayerischen Flugzeugwerke (seit 1938 «Messerschmitt AG») expandierten allein 1933 von 82 auf 500 Beschäftigte. 1936 – zur selben Zeit, als mit dem Vierjahresplan endgültig die Weichen in Richtung Krieg gestellt wurden – fiel die Entscheidung, ein in Augsburg entwickeltes Flugzeug als Standardjäger der Luftwaffe einzusetzen, die ME

Modell des «Gauforums», westlich des Adolf Hitler-Platzes (heute Königsplatz). Hermann Giesler, 1939.

109, eine traurige Berühmtheit: Sie ist der bis heute am häufigsten gebaute Flugzeugtyp der Welt. Die ersten Maschinen dienten der «*Legion Condor*» im Spanischen Bürgerkrieg.

Auch die Bauwirtschaft hatte am Aufschwung im Schatten des Krieges teil. Die Errichtung von Kasernen, Flugplätzen und Straßen, darunter eines Teilstücks der Autobahn München-Ulm, bescherte den Augsburger Firmen volle Auftragsbücher. Zivile Projekte, im besonderen der Wohnungsbau, standen hinter dem rücksichtslosen Ausbau der militärisch nutzbaren Infrastruktur zurück.

Die Vollbeschäftigung – sie war 1936 erreicht – wurde mit Niedriglöhnen erkauft, denen steigende Preise gegenüberstanden. Immerhin entsprach der durchschnittliche Lebensstandard Ende der dreißiger Jahre etwa dem, der in guten Jahren der Weimarer Republik geherrscht hatte. Am unteren Ende der Lohnskala mußten die Arbeiterinnen und Arbeiter mit Einkommen leben, die etwa den Unterstützungssätzen der Fürsorge entsprachen (Peter Sobzcyk). Die einseitige Orientierung der Produktion auf die Kriegswirtschaft bedingte zudem Versorgungslükken, selbst im Lebensmittelbereich. Nur eine Diktatur konnte eine solche Wirtschaftspolitik durchsetzen.

Die Überwindung der Arbeitslosigkeit, dazu außenpolitische Erfolge ließen die Zustimmung für das Regime wachsen. Als Hitler Augsburg im März 1937 besuchte, drängten sich jubelnde Massen vor dem Rathaus. Nach dem «Anschluß» Österreichs sei ein «*elementarer Lenzsturm der Begeisterung*» für den «Führer» losgebrochen, schreibt der Berichterstatter der Regierung von Schwaben.

Hitler gedachte, Augsburg zur «Stadt des deutschen Kaufmanns» zu machen; im Fuggerpalast sollte ein Handelsmuseum eingerichtet werden. Zwischen Stadttheater und dem heutigen Theodor-Heuss-Platz war eine megalomane Aufmarschallee geplant. Die Versammlungshalle des «Gauforums» hätte 20000 Menschen gefaßt. Der Platz wäre von einem vergröberten Imitat des Perlach-Turmes überragt worden, der die Höhe des Originals um gut 40 Meter übertroffen hätte.

Im Zweiten Weltkrieg

Ein «Führer-Erlaß» in dieser Sache blieb zum Glück für die Stadtgestalt unausgeführt. Nach der Entfesselung des Weltkrieges waren andere Prioritäten zu setzen. Die Stimmung im September 1939 war, anders als 1914, gedrückt und von Furcht geprägt; Hamsterkäufe erscheinen als Indizien der Angst. Die ersten militärischen Erfolge, die im Sieg über Frankreich gipfelten, bescherten Hitler einen Höhepunkt an Popularität. Sie nährten die Illusion, der Krieg bleibe tatsächlich ein «Spaziergang». Die Mehrheit der Bevölkerung war von den Repressionen des Terrorstaats, der sein Netz aus Spitzeln und V-Leuten auch in Augsburg immer enger zog, ohnedies nicht betroffen.

Die Verschlechterung der Versorgungslage ließ sich indes kaum übersehen. Die sonst oft schönfärberischen Regierungspräsidentenberichte beobachten 1941 ein allmähliches Umkippen der Volksstimmung. Ungeheures Aufsehen erregte im Mai jenes Jahres der «Fall Heß», der seinen mysteriösen England-Flug bekanntlich vom Flugplatz der Messerschmitt-Werke aus angetreten hatte. Der Verlautbarung, der Stellvertreter des Führers sei geisteskrank, glaubte keiner.

Noch war der Krieg für die Augsburger im wesentlichen aus Papier. Er kam daher in Gestalt von Lebensmittelmarken, Zeitungsnachrichten und Einberufungsbescheiden; am schlimmsten waren die Telegramme, die den Tod von Mann oder Sohn meldeten. Mit dem Rußlandfeldzug wurden die kleinen, schwarzumrandeten Kästchen in den Zeitungen immer häufiger; die meisten

Augsburger kämpften in der Heeresgruppe Mitte an der Ostfront, die im Krieg um Weißrußland aufgerieben wurde. Zum Sterben war da viel Gelegenheit. Bald überzogen die Todesanzeigen ganze Seiten. Es waren Abbreviaturen namenlosen Leids, sicher nicht jener «stolzen Trauer», die manche, der Konvention folgend, am Ende bekundeten. Nahezu 10 000 Augsburger fielen, starben in Gefangenschaft oder blieben vermißt.

Während der Krieg in seine entscheidende Phase ging, fuhren die Machthaber mit der Deportation der noch verbliebenen Juden fort. Hunderte jüdischer Augsburgerinnen und Augsburger wurden in Auschwitz, Theresienstadt, Mauthausen und anderen Konzentrationslagern ermordet, sofern sie sich nicht dem Zugriff der Schergen durch Selbstmord entzogen.

Zu organisiertem Widerstand kam es kaum. Die Aktivitäten der «Revolutionären Sozialisten», die auf Sabotage und bewaffneten Kampf setzten, endeten 1942, als es der Gestapo gelang, einige Zentralfiguren zu verhaften. Unter ihnen war der Elektrotechniker Josef («Bebo») Wager. Er wurde 1943 im Gefängnis München-Stadelheim hingerichtet. Auch andere Augsburger bezahlten ihren Mut mit dem Leben – so der Offizier Roland Balthasar von Hösslin, der nach dem Scheitern des Attentats vom 20. Juli 1944 in Plötzensee hingerichtet wurde, der Landtagsabgeordnete Clemens Högg, Mitbegründer der schwäbischen Arbeiterwohlfahrt, oder Hans Adlhoch, ein Exponent der christlichen Arbeiterbewegung, der kurz nach Kriegsende, von den Strapazen der Haft und eines Evakuierungsmarsches geschwächt, starb.

Der Untergang des alten Augsburg

Allmählich kehrte der Krieg in das Land zurück, von dessen Boden er ausgegangen war. Am Nachmittag des 25. Februar 1944 griff eine amerikanische Bomberflotte die Messerschmitt-Werke an; es war nur ein Vorspiel. In der sternenklaren Nacht auf den 26. Februar, kurz nach halb elf Uhr, flogen britische Verbände über Augsburgs Zentrum und überschütteten es mit einem Regen von Luftminen, Phosphor- und Brandbomben. Eine Stunde darauf brach eine dritte Welle über die schon in hellen Flammen stehende Stadt herein.

Am anderen Morgen gab es das alte Augsburg nicht mehr. Man zählte 730 Tote, darunter viele Frauen und Kinder; über 80 000 waren obdachlos geworden. Vom Rathaus, den meisten alten Kirchen und anderen berühmten Gebäuden der Stadt standen nur noch die Außenmauern. Vom Goldenen Saal war allein ein Haufen Schutt übrig, durch das offene Dach des Fuggerpalastes fiel die Wintersonne.

Das Bombardement vom 25./26. Februar 1944 war nicht das erste und auch nicht das letzte, das Augsburg im Weltkrieg traf, aber das bei weitem schwerste. Das Dritte Reich hatte jetzt nur noch ein paar Monate Frist. Im November wurde der Volkssturm aufgeboten. Bei der Vereidigung auf der Fuggerstraße, die nun von ausgebrannten Häuserskeletten gesäumt wurde, kam es zu einer irritierenden und zugleich bewegenden Szene. Die Kapelle spielte eine den meisten wohlbekannte Melodie: «*O Deutschland hoch in Ehren*», Ludwig Bauers Lied aus der Zeit vor den Einigungskriegen. Da summten die Männer – viele von ihnen Frontkämpfer des Ersten Weltkrieges – zunächst nur mit; immer mehr fielen ein, bis der Gesang zum Chor anschwoll. Es war der Versuch der Totenbeschwörung eines imaginären «guten Deutschland»; Ausdruck eines instinktiven, ja verzweifelten Patriotismus. Der Gesang übertönte für einen Moment die deprimierende Einsicht, daß dieses Deutschland, das nun nochmals zu den Waffen rief, inzwischen alles andere war als ein «*heiliges Land der Treu*», das «Ehre» verdiente.

Das letzte Aufgebot kam nicht mehr zum Einsatz. Als Ende April 1945 die ersten Panzerspitzen der 7. US-Infanteriedivision den Stadtrand erreichten, verhinderte eine Gruppe beherzter Bürger in letzter Minute, daß die Stadt verteidigt wurde. Hätte es Widerstand gegeben, wäre sie von den Alliierten dem Erdboden gleichgemacht worden. Am 28. April marschierten die Amerikaner in Augsburg ein.

An der Schwelle der Gegenwart

Erinnerung an Augsburg

Augsburg hatte gelegentlich die Ehre, als Chiffre für Allgemeineres zu dienen. Brecht meint eigentlich die Deutschen, wenn er eine «Epistel an die Augsburger» richtet, und er denkt nicht nur an Augsburg, wenn er, es ist nun Mai 1946, über die Nachkriegsstadt schreibt:

> *«Die Wicken blühten. Die Hähne schwiegen betroffen.*
> *Die Türen waren geschlossen. Die Dächer standen offen.»*

Einmal noch – Anfang September 1949 – kommt er in die Vaterstadt zurück. «Augsburg etwas zertrümmert, fremd, läßt mich ziemlich kalt», vermerkt er in seinem Arbeitsjournal. Ob das stimmt? Dagegen spricht, daß ihm Augsburg bis zum Ende nicht aus dem Kopf geht. In einem seiner letzten Gedichte, «Schwierige Zeiten», kristallisiert sich die flüchtige Erinnerung an die «Kindheit in Augsburg» um die Beeren eines Wacholderstrauchs, den er im Garten vor seiner Berliner Wohnung wahrnimmt:

> *«Mehrere Minuten erwäge ich*
> *Ganz ernsthaft, ob ich zum Tisch gehn soll*
> *Meine Brille holen, um wieder*
> *Die schwarzen Beeren an den roten Zweiglein zu sehen.»*

Brecht lebte damals in Ostberlin, von der SED hofiert, im Westen als Kommunist wenn nicht verfemt, so doch heftig umstritten. Die ferne Heimatstadt hätte ihren berühmten Sohn am liebsten totgeschwiegen, wie man einen Bastard verheimlicht. Als Bundespräsident Heuss Augsburg zum Jubiläum der Lechfeld-Schlacht, 1955, besuchte, soll er gegenüber Oberbürgermeister Dr. Klaus Müller bemerkt haben, Augsburg sei doch die

Die zerstörte Innenstadt, 1945.

Geburtsstadt eines berühmten Dichters – worauf das Stadtoberhaupt schmallippig geantwortet haben soll, gewiß meine der Herr Bundespräsident den Christoph von Schmid...

Nachkriegszeit

Heuss sah damals eine Stadt, die sich von den schlimmsten Verletzungen des Krieges geheilt hatte. In nur einem Jahrzehnt war es gelungen, den Wiederaufbau weitgehend abzuschließen. Schon in der unmittelbaren Nachkriegszeit hatten sich neue Industriebetriebe angesiedelt. Mit der Christian Dierig AG hatte seit 1947 der bedeutendste deutsche Textilkonzern seinen Hauptsitz am Lech.

Die Währungsreform hatte das «Wirtschaftswunder» auch nach Augsburg gebracht. Die Bevölkerungszahl war durch Flüchtlinge, die vor allem aus den Ostgebieten kamen, rasch angewachsen; als der Bundespräsident in Augsburg weilte, hatte die Stadt gerade die 200 000-Marke erreicht. Einige wenige Juden, Überlebende des Holocaust, kehrten zurück und begründeten zusammen mit jüdischen Flüchtlingen aus dem Osten eine Israelitische Kultusgemeinde.

Mit Walther Schmidt amtierte ein ebenso tatkräftiger wie umstrittener Stadtbaurat. Mit seinem Namen ist der Durchbruch einer komfortablen, «autogerechten» Verbindung von der Jakober-Vorstadt bis zur Grottenau verbunden; sein Plan, den von Bomben «freigelegten» Rathausplatz zu bebauen, scheiterte am Protest der Bürger. Architektur von Rang wurde in Augsburg nach dem Krieg nicht mehr gebaut – dafür hat man zahlreiche historische Gebäude, die vom Krieg verschont worden waren, abgerissen. Der markanteste Bau jener Jahre ist Thomas Wechs' Pfarrkirche Don Bosco im Herrenbachviertel.

Auch kulturelles Leben war aus den Ruinen neu erblüht. Am Anfang standen Hauskonzerte und Dichterlesungen in Privathäusern, die der Krieg verschont hatte. Mit Goethes «Vorspiel auf dem Theater» und Kleists «Zerbrochenem Krug» begann am 10. Oktober 1945 die erste Schauspielsaison der Nachkriegszeit. Aufs Konzertpodium durften zuerst «Unverdächtige» wie Händel und Bach; bald erhielt aber auch Richard Wagner wieder Zutritt mit einer Aufführung der «Walküre»

Salesianerkirche Don Bosco, errichtet 1961/62 von Thomas Wechs, rechts Wohnbauten des «Schwabencenters» (1972).

im September 1947. Im Jahr darauf hatte Walter Oehmichen die «Augsburger Puppenkiste» gegründet, ein ambitioniertes Marionettentheater, das weit über die Stadtgrenzen hinaus Berühmtheit genießt.

Mit den Amerikanern war schließlich die Demokratie nach Augsburg zurückgekehrt und eine freie Presse. 1945 hatte der gebürtige Dresdener Curt Frenzel, ein Sozialdemokrat, zusammen mit Johann Wilhelm Naumann, der dem politischen Katholizismus nahestand, die Lizenz für die Herausgabe einer Tageszeitung erhalten. Seit 1959 heißt sie – in Erinnerung an die ruhmreiche Vorgängerin des 19. Jahrhunderts – «*Augsburger Allgemeine*». Sie ist heute das einflußreichste Presseorgan der Stadt und eine der angesehensten Regionalzeitungen Deutschlands.

Politische Parteien hatte die Militärregierung ebenfalls bereits 1945 wieder zugelassen: zuerst die SPD, dann die Christlich-Soziale Union, Erbin der Bayerischen Volkspartei. Die Kommunisten regten sich wieder, 1946 war mit der Liberaldemokratischen Partei die Vorläuferin der FDP ins Leben getreten. Von zahlreichen Splittergruppen brachte es nur die Bayernpartei zeitweilig zu einer gewissen Bedeutung. Als ersten Oberbürgermeister nach Kriegsende hatte die Militärregierung den jüdischen

Anwalt Dr. Ludwig Dreifuß, der aus dem KZ Theresienstadt zurückgekehrt war, ernannt. Seine Nachfolger konnten bereits vom Stadtrat gewählt werden. Seit 1952 wurde der Oberbürgermeister direkt gewählt; er mußte sich aus den Fraktionen des Stadtparlaments Koalitionen zusammenbauen, wollte er seine Politik durchsetzen. Mitte Oktober schließlich genehmigte die Militärregierung eine «Allgemeine Freie Augsburger Gewerkschaft».

Was geschah mit den Repräsentanten des gestürzten Regimes, den «willigen Vollstreckern»? Gemessen an dem, was sie zu verantworten hatten, kamen Augsburgs führende Nazis mit milden Strafen davon. Gauleiter Wahl, der sich in seinen Memoiren zum Patrioten stilisiert, als einer, der bei allem anständig geblieben sei, wanderte für drei Jahre in Haft; Oberbürgermeister Mayr – einer der «starken», machtbewußten Oberbürgermeister des Regimes (Bernhard Gotto) – wurde ebenfalls interniert, am Ende aber als «Minderbelasteter» eingestuft. Gallus Schneider, der Kreisleiter der NSDAP und eine der unerfreulichsten Figuren unter den führenden Köpfen des Regimes, blieb zeitlebens ein unverbesserlicher Anhänger Hitlers. Wie seine Kumpane lebte der gelernte Bauführer noch lange – bis zu seinem Tod 1975 – unbehelligt in Augsburg, der Stadt, über die er und seinesgleichen Terror und Tod gebracht hatten.

Schon Zeitgenossen wie die Schauspielerin Carola Wagner entrüsteten sich über die Milde der Spruchkammerbescheide. Überhaupt tritt das unschöne Kapitel der Kollaboration, die wenig erfreuliche Geschichte des Verschweigens und Wegsehens, in der bisherigen Stadtgeschichtsschreibung nicht hervor. Auch die personellen Kontinuitäten, die zwischen altem und neuem Staat bestanden, sind kaum untersucht. Immerhin nahm der Stadtrat 1956 davon Abstand, den Komponisten Werner Egk (der lange in Augsburg gelebt und unter den Nazis Karriere gemacht hatte), zum musikalischen Leiter der städtischen Bühnen zu berufen.

Politische Paritäten

Der Grundzug der Augsburger Mentalität, sich zu arrangieren, den Ausgleich zu suchen, trat in der Kommunalpolitik auch unter den neuen Verhältnissen hervor. In den ersten Wahlen nach dem Krieg, die am 26. Mai 1946 abgehalten wurden, hatte sich zwar eine klare Mehrheit für die Christsozialen ergeben; in den folgenden Jahrzehnten bildete sich aber eine Balance zwischen «Bürgerlichen» und Sozialdemokraten heraus. Der politische Alltag war meist von der Zusammenarbeit der großen Fraktionen geprägt. Bezeichnend für das Klima in der Stadt ist, daß es über der Frage, ob der Kooperation nicht doch die Konfrontation vorzuziehen sei, 1981 zu einer Spaltung der CSU kam. Zwölf ihrer Stadträte waren nicht dazu bereit, die Kooperation mit der SPD aufzukündigen. Sie zogen als «Christlich Soziale Mitte» in den Wahlkampf von 1984. Vier Jahre später einigten sich die beiden Gruppierungen wieder auf einen gemeinsamen Kandidaten für das Amt des Oberbürgermeisters, den Schulreferenten Dr. Peter Menacher. Er konnte die Wahl von 1990 dann für sich entscheiden. Eine Umstrukturierung der Stadtpolitik zeichnet sich erst in jüngster Zeit ab. Ob die Neuorientierung von Dauer ist, wird die Zukunft erweisen.

Stadtoberhaupt konnte in Augsburg nur werden, wer sich, wie die abgegriffene rhetorische Floskel sagt, als Vertreter der ganzen Bürgerschaft präsentierte. Dr. Müller, der Langzeit-Oberbürgermeister der Nachkriegszeit, wurde, weil er dieser Regel folgte, gegen den Bundestrend wiedergewählt; sein Nachfolger Wolfgang Pepper, mit dem 1964 zum ersten Mal ein Sozialdemokrat die goldene Amtskette mit dem Stadtpyr gewann, profilierte sich als Pragmatiker und «Macher». Er hat große Verdienste um die Ansiedlung einer Universität und den Bau des Zentralklinikums. Mit den Kanuwettbewerben, die in einem Lechkanal ausgetragen wurden, erhaschte Augsburg sogar ein Stück der Olympischen Spiele, die 1972 im nahen München ausgetragen wurden. In Peppers Amtszeit fiel die Gemeindegebietsreform, die Inningen, Bergheim, Göggingen und Haunstetten Augsburgs Stadtgebiet zuschlug. Die schwäbische Metropole brachte es damit auf eine Einwohnerschaft von 257 000. Zugleich wuchs der Anteil der nichtchristlichen Bevölkerung; heute sind etwa 10 Prozent der Augsburgerinnen und Augsburger muslimischen Glaubens. Und es gibt eine jüdische Gemeinde, die gut 1 900 Mitglieder zählt.

Der gebürtige Sudetendeutsche Hans Breuer, auch er von der SPD, regierte bis 1990. Höhepunkt seiner Amtszeit war die glanzvolle Inszenierung des zweitausendjährigen Stadtjubiläums im Jahr 1985. Ganz Augsburg wurde zum Erinnerungsort: Römische Legionäre streiften durch die Straßen, Ritter und Landsknechte, Marketenderinnen und Ratsherren; man begegnete Jakob Fugger und Elias Holl, traf Philippine Welser und die Bernauerin. Die Augsburgerinnen und Augsburger vergewisserten sich ihrer kollektiven Identität, ihrer Wurzeln.

An jenen Tagen herrschte eine heitere, optimistische Stimmung. Vom frisch renovierten Rathaus waren gerade die Gerüste genommen, die Trikoloren auf dem großen Platz knisterten im Sommerwind. Genau besehen, trugen sie die einzigen Farben, die wirklich auf den Rathausplatz passen: Rot, Grün und Weiß, die Stadtfarben, unter denen Augsburgs Söldner schon vor über einem halben Jahrtausend, 1372, gegen Bayern gezogen waren.

Morgen Augsburg!

Zum literarischen Topos brachte es das Augsburg der Gegenwart zu seinem Unglück durch Thomas Bernhards Stück «*Die Macht der Gewohnheit*». Darin läßt Bernhard den Zirkusdirektor Caribaldi den Schreckensruf «*Morgen Augsburg!*» ausstoßen. Augsburg steht auf dem Tourneeplan, *Augsburg*! schreit Caribaldi, und er schimpft über die «*Lechkloake*», das «*muffige, verabscheuungswürdige Nest*». Der Dramatiker hatte einfach eine Stadt, die er nur oberflächlich kannte, zum Muster stickiger Provinzialität stilisiert. Am Lech verstand man das literarische Spiel nicht und schäumte. Die Invektive saß schon deshalb, weil Caribaldi aussprach, was – davon waren die Leute überzeugt – ohnehin alle über Augsburg dachten. Die Rede des Zirkusdirektors fügte sich perfekt in das Klischee vom «armen Augsburg», dem Aschenputtel Bayerns, dem verlorenen Nest im Schatten Münchens.

Das Jammern über die eigene Stadt ist am Lech notorisch und blieb es über die strahlenden Tage von 1985 hinaus; die beschwingte Stimmung, mit der man sich damals auf den Weg ins dritte Jahrtausend der Stadtgeschichte gemacht hatte, ist längst verflogen. Der Unterschied gegenüber der betrübten Nabelschau, die man früher pflegte, ist, daß sich inzwischen für eine pessimistischere Sicht der Dinge gute Gründe anführen lassen.

Die Arbeitslosigkeit ist hoch, die Verschuldung des Haushalts erinnert an jene während der Endphase des Alten Reiches – mit vielen Folgen, zum Beispiel für die kulturelle Physiognomie. Die Kaufkraft wandert zu den Discountern der Peripherie; so verödet das Zentrum, Traditionsgeschäfte schließen. Solche Probleme hat nicht nur Augsburg, sie kennzeichnen überhaupt die Situation der alteuropäischen Stadt in der spätesten Phase ihrer Existenz. Doch tat man sich am Lech besonders schwer, mit dem unvermeidlichen Strukturwandel umzugehen. Daß man im Jahr 2004 schon in der ersten Runde einer Konkurrenz um den Titel einer «Kulturhauptstadt Europas» sang- und klanglos unterging, trug nicht dazu bei, das Selbstbewußtsein zu heben. Manche sagen, Augsburg sei am Ende – eine sterbende Stadt.

Sollen wir Brecht, dem unverbesserlichen Romantiker, dem melancholischen Zyniker, das letzte Wort lassen – dem «*Armen B.B.*»? Das berühmte Gedicht, es ist den Augsburger Freunden Georg Pfanzelt, Caspar Neher und Otto Müllereisert gewid-

Szene aus «Jim Knopf und Lukas der Lokomotivführer» in der «Augsburger Puppenkiste».

met, liest sich wie ein zur pessimistischen Zeitstimmung passender Abgesang auf die Stadt, in die er einst mit der Mutter – «*als ich in ihrem Leibe lag*» – gelangte:

«*Ich, Bertolt Brecht, in die Asphaltstädte verschlagen*
Aus den schwarzen Wäldern in meiner Mutter in früher Zeit.»

Also wieder Augsburg. Die «*Asphaltstadt*» erscheint als Ort, wo es sich für einen soignierten Bürger unter Bürgern bei allem wohl leben läßt, in «*Häusern, die für unzerstörbare galten*». «*Galten*» – Brecht nimmt das Präteritum. Auch Zeitung, Tabak und Branntwein, die Stoffe, aus denen Zufriedenheit gemacht wird, erscheinen nurmehr als «*Sterbesakramente*». Die Agonie hat schon begonnen, sagt der barocke Schluß.

«*Von diesen Städten wird bleiben:*
der durch sie hindurchging, der Wind!
Fröhlich machet das Haus den Esser, er leert es.
Wir wissen, daß wir Vorläufige sind
Und nach uns wird kommen: nichts Nennenswertes.»

Der Dichter wird recht behalten, aber nur deshalb, weil ja alles Menschliche irgendwann sein Ende haben muß. Seine Vaterstadt mag aus ihrer Geschichte die Hoffnung schöpfen, sie werde sich schließlich doch wieder neu erfinden können, so, wie ihr das in den vergangenen zwei Jahrtausenden mehr als einmal gelang. Ihre Bewohner haben Alamannen und Ungarn, Franzosen und Bayern überstanden; die Mauern Augsburgs wurden von welfischen Rittern und kaiserlichen Grenadieren, von Lancaster-Bombern und den Architekten der Nachkriegszeit zerstört und wuchsen doch wieder empor. Während Eroberer und Herrscher kamen und gingen, lebten und webten die Augsburgerinnen und Augsburger auf ihrem Stückchen Land um Lech und Wertach bis zum heutigen Tag. Sie taten meist nichts Nennenswertes, aber sie waren fleißig, und sie arbeiteten unverdrossen. Ein wenig Zukunft wird ihrer Stadt schon noch beschieden sein.

Anhang

Zeittafel

15 v. Ch. Feldzug des Drusus und des Tiberius, Unterwerfung des Voralpenlands.

um 8/5 v. Chr. Römisches Militärlager am Zusammenfluss von Lech und Wertach.

um 15 n. Chr. Anlage eines Kastells auf der Hochterrasse.

um 98 Erwähnung einer «herrlichen Stadt in Raetien» bei Tacitus. Wahrscheinlich ist A. gemeint.

um 120/121 Verleihung des Munizipalrechts an das *Municipium aelium augustum* durch Hadrian.

260 Juthungen – Schlacht bei A.

275 A. wird von «Barbaren» belagert.

340/355 Früheste Spuren des Christentums.

388, 402 Baumaßnahmen an den Stadtbefestigungen.

573/577 Erwähnung des Afra- Kults in A. durch Venantius Fortunatus.

738 Bischof Wikterp (†vor 772?) erste urkundlich gesicherte Bischofsnennung.

um 778 Bischof Sintpert (†807).

787 Tassilo III. unterwirft sich auf dem Lechfeld vor A. Karl d. Gr.

807 Weihe der Domkirche St. Maria.

826 Erstmalige Erwähnung des dt. Stadtnamens *Augusburuc*.

um 890 Geburt Ulrichs, des späteren Bischofs (ab 923, †973).

um 910 (Erste) Ungarnschlacht auf dem Lechfeld, A. wird teilweise zerstört.

955 (8./9. August) Schlacht auf dem Lechfeld.

um 1006 Benediktiner lassen sich in A. nieder.

1026 Zerstörung von Stadt und Domburg durch Welf II.

1065 Bischof Embrico (1063–1077) weiht den vergrößerten Dom.

um 1067 Gründung des Stifts St. Peter am *Perleich*.

1080 Zerstörungen durch Welf IV.

um 1084 Kirche des St. Moritz- Stifts.

1084, 1088 Eroberung und Verwüstung A.s durch Welf IV.

um 1100 (oder später) Prophetenfenster des Augsburger Domes.

1106–1121 Investiturstreit: Auseinandersetzungen zwischen Bischof Hermann, dem Domkapitel und Abt Egino von St. Ulrich und Afra.

1127 Hochzeit Heinrichs des Stolzen mit Gertrud, Tochter Lothars von Supplinburg, auf dem Gunzenlee.

1127 Udalschalk († 1151) wird Abt von St. Ulrich und Afra. Kulturelle Blüte des Klosters.

1132 Zerstörung A.s durch Bewaffnete König Lothars.

1138 Konrad III. in A.

1152 Erster Aufenthalt Barbarossas (von insgesamt zehn) in A.

1156 1. Augsburger Stadtrecht (Schiedsspruch Friedrich Barbarossas zwischen Vögten, Bischof und Stadt).

1158 Ein Augsburger Schiedsspruch sanktioniert den Fortbestand des Marktes *Munichen* an der Isar.

1167 Barbarossa belehnt seinen Sohn Friedrich V. von Schwaben mit der Hochstiftsvogtei.

1184 In der Bischofspfalz wird der Ehevertrag zwischen Heinrich IV. und Konstanze, der Erbin Siziliens, beschworen.

1197 Verlobung Philipps von Schwaben mit der byzantinischen Kaisertochter Irene.

1209 Hoftag Ottos IV. in A.

1212 Juden in A. nachweisbar.

um 1221 Franziskaner in A. ansässig.

1235, 1236 Hoftage Friedrich II.'

1237 Ältestes Augsburger Stadtsiegel: SIGILLVM CIUIVM AUGVSTENSIVM.

um 1239/ 1245 Gründung des Hl.- Geist- Spitals.

nach 1246–1272 Der Mystiker David von A. (1200/ 1210–1272) wirkt im Franziskanerkloster.

1264, 1266, 1267 Konradin, «der letzte Staufer», in A.

1270 A. besiegt Herzog Ludwig II. von Wittelsbach in einem Gefecht bei Hammel.

1275 Anfänge des Karmeliterklosters St. Anna.

1276 Stadtbuch von A.: Älteste Rechtskodifikation der Stadt.

1288 Erste Erwähnung von zwei Stadtpflegern.

1291 Erweiterung des Rates um 24 Mitglieder.

1294 König Adolf von Nassau gewährt A. das Privilegium *de non evocando*.

1303 Putsch des Siboto Stolzhirsch.

1316 Ludwig der Bayer bestätigt die Freiheiten A.s und seine Unveräußerlichkeit vom Reich.

1339 Die Jakober Vorstadt wird in die Stadtbefestigung einbezogen.

1348 Pest, Judenpogrome.

1349 Putschversuch der Portner.

1356 (–1431) Ostchor des Domes und Anlage des Südportals.

1361 Geislerzug in A.

1367 Hans Fugger aus Graben läßt sich in A. nieder.

1368 «Zunftrevolution»: Kaufleute und Handwerker übernehmen die Macht.

1372–1374 Krieg mit Bayern und Württemberg. Die Stadtfarben Rot, Grün, Weiß zum ersten Mal erwähnt.

1379 A. Mitglied im Schwäbischen Städtebund.

1381–1389 Auseinandersetzungen mit Bischof Burkhard von Ellerbach.

1383 Niemand soll ins Patriziat aufgenommen werden, der nicht dem Adel oder dem Patriziat einer anderen Stadt entstammt.

1387/88 Der Schwäbische Bund führt Krieg gegen Bayern und Württemberg; Niederlage bei Döffingen.

1393 Fünf *grüeblins leut* (wahrscheinlich Waldenser) werden als Ketzer hingerichtet.

1398 Unruhen wegen Erhöhung der Verbrauchssteuer.

1418, 1431 König bzw. Kaiser Sigismund in A.

1427 Augsburger Kontingent im Hussitenkrieg.

1428 Endgültige Vertreibung der Juden aus der Stadt.

1442 Friedrich III. in A.

1447 Der Drucker Erhard Ratdolt in A. geboren (†1528).

1449–1453 A. im «Markgrafenkrieg» an der Seite Nürnbergs.

1459 Jakob Fugger («der Reiche») geboren (†1525).

1465 Conrad Peutinger geboren (†1547).

1467 Der Drucker Günter Zainer (†1478) läßt sich in A. nieder: Blüte der Frühdruckzeit.

1473 Hans Burgkmair geboren (†1531); Reichstag Friedrichs III.'; Begründung der Welserschen Handelsgesellschaft.

1478 Hinrichtung des Bürgermeisters Ulrich Schwarz (*1422).

1479 Gründung der Kaufleutestubengesellschaft.

1488 A. Mitglied im Schwäbischen Bund.

1494 Ulrich, Georg und Jakob Fugger schließen ihren ersten Gesellschaftsvertrag.

1497/98 Hans Holbein d. J. in A. geb. (†1543 London).

1498 Augsburger Firmen begründen das erste Kupfersyndikat der Wirtschaftsgeschichte.

1499 A. mit dem Schwäbischen Bund im Schweizerkrieg.

1500 Reichstag in A.: Einteilung des Reiches in Kreise, Einführung des Reichsregiments.

1502 Schwäbischer Bundestag in A.

1505/06 A.er Firmenkonsortium an Handelsfahrt nach Vorderindien beteiligt.

1509 Stiftung der Fuggerkapelle in St. Anna. Erster Renaissanceraum nördlich der Alpen. Gründung der Herrenstubengesellschaft.

1510 Reichstag in A. Der Kaiser wirbt um Unterstützung im Venedigerkrieg.

ab 1512 Bau des Fuggerpalasts am Weinmarkt.

1514 «Alter Einlaß» beim Klinkertor.

ab 1516 Bau der Fuggerei.

1517 Kaiser Maximilian krönt Ulrich von Hutten in A. zum *poeta laureatus.*

1518 Reichstag. Frage der Nachfolge im Kaisertum, Verhör Luthers durch den päpstlichen Legaten Cajetan; Albrecht Dürer porträtiert den Kaiser und Jakob Fugger.

1519 Augsburger Geld sichert die Wahl Karls von Spanien zum Kaiser. A. am Krieg des Schwäbischen Bundes gegen Herzog Ulrich von Württemberg beteiligt.

1521 Mit Urbanus Rhegius (1487–1541) predigt ein Anhänger Luthers im Dom. Auf Druck des Kapitels entlassen.

1524 Bauernkrieg in Schwaben, Schillling- Unruhen in A.; Rhegius wieder eingestellt. Welser richten Faktorei auf Santo Domingo ein.

1525 Truppen des Schwäbischen Bundes werfen den Bauernaufstand nieder. «Wiedertäufer» in A.

1527 «Märtyrersynode» der Täufer.

1530 Reichstag: Übergabe der «Augsburger Konfession» an Karl V.

1531 Gründung des Gymnasiums bei St. Anna, Welser-Expeditionen in Venezuela (bis 1546).

1532 Anton Fugger (1493–1560) Chef des Fugger- Konzerns.

1533 Caspar von Schwenckfeld in A. (bis 1538).

1534 Durchbruch der «Ratsreformation», in acht Kirchen bleibt der katholische Gottesdienst erlaubt.

1536 A. tritt dem Schmalkaldischen Bund bei.

1537 Völlige Abschaffung des katholischen Gottesdienstes, Bildersturm.

1538/39 Patriziervermehrung, Begründung der Kaufleutestube.

1546/47 Schmalkadischer Krieg, A. auf der Seite der Verlierer.

1547/48 «Geharnischter Reichstag» in A., Abschaffung der Zunftverfassung. Tizian malt Karl V. und andere Fürsten. Belehnung Moritz von Sachsens mit der Kurwürde. Augsburger Interim.

1550/51 Reichstag. Frage der Nachfolge im Reich. Tizian erneut in A.

1552 Fürstenaufstand; kurzzeitige Restitution des Zunftregiments.

1555 Reichstag. Augsburger Religionsfrieden.

1557 Der spanische, dann der französische Staatsbankrott treffen A.s Hochfinanz schwer.

1561 Erste Anzeichen eines Klimatiefs der «Kleinen Eiszeit».

1566 Maximilian II. zum Reichstag in A.

1570/71 Hungersnot.

1573 Elias Holl geboren († 1646).

1575 Erneute Zahlungseinstellungen Spaniens.

1580 Begründung des Jesuitenkollegs St. Salvator.

1582 Reichstag; Kaiser Rudolf II. in A.

1584 Aufstand wegen Einführung des gregorianischen Kalenders.

1590 Hexenpanik. Höchststand der frühneuzeitlichen Bevölkerungszahl: etwa 45 000.

1594 Einweihung des Augustus-Brunnens: Beginn des urbanistischen Programms (bis 1630).

1600 Marx Fugger sorgt für die Niederlassung von Kapuzinern in A.

1607 Dritter Spanischer Staatsbankrott.

1614 Welser- Konkurs.

1615- 1620 Bau des Rathauses.

1619- 1623 Rapide Münzverschlechterung, Zerrüttung des Stadthaushaltes.

1627/28 Pestepidemie: 12 000 Tote in zwei Jahren .

1629–1631 Restitutionsedikt; Entlassung der Protestanten aus städtischen Ämtern, Schließung protestantischer Kirchen.

1632 A. wird kampflos den Schweden übergeben. König Gustav II. Adolph zieht in die Stadt ein.

1635 Nach dramatischer Belagerung fällt A. wieder an die Kaiserlichen. Die Stadt hat noch 16 432 Einwohner. Rekatholisierung, protestantische Gottesdienste unter freiem Himmel.

1643/44 St. Ulrich erringt die volle Reichsstandschaft.

1646 Belagerung und Beschießung A.s durch eine französisch-schwedische Armee.

1648 Der Westfälische Frieden beschert A. die Parität.

1650 8. August: Friedensfest (bis heute in A. gesetzlicher Feiertag).

1653 Ferdinand IV. wird in St. Ulrich zum Römischen König gewählt. Der Maler Johann Heinrich Schönfeld (1609–1684) erwirbt das A.er Bürgerrecht.

1680 Stiftungsbrief für die «Englischen Fräulein».

1686 «Augsburger Allianz»: Bündnis des Kaisers und einiger Reichsfürsten gegen Ludwig XIV.

1689/90 Wahl und Krönung Josephs I. zum Römischen König.

1703/ 04 Besatzung A.s durch bayerische Truppen während des Spanischen Erbfolgekriegs.

1718 Konfessionelle Unruhen: Streit zwischen Jesuitenschülern und Handwerksgesellen.

1719 Leopold Mozart in A. geboren († 1787).

1727, 1746 Auszug und Streik der Schustergesellen.

1730- 1740 Der Maler Johann Evangelist Holzer (1709–1740) in A. tätig.

1731 Die Salzburger Protestanten machen auf ihrem Zug durchs Reich in A. Station.

1743 Karl VII. nimmt vor den österreichschen Truppen in A. Zuflucht.

1755 Einrichtung eines Zucht- und Arbeitshauses.

1760–62 In A. finden Vorgespräche zur Beendigung des Siebenjährigen Krieges statt.

1762 Johann Lorenz (von) Schaezler in Ansbach geboren († 1826).

1770 Marie Antoinette in A.

1770–72 Errichtung der Schüleschen Kattunfabrik vor dem Roten Tor.

1771/ 72 Hungersnot.

1782 Papst Pius VI. in A.

1784 Weberunruhen.

1794 Wieder Weberunruhen, Bildung einer Bürgerdeputation.

1796 Französische, dann kaiserliche Besatzungen.

1799 Österreichische, dann russische Truppen in A.

1800/01 Französisches Militär unter General Lecourbe in A.

1802/03 A. bewahrt als eine von sechs Reichsstädten die Selbständigkeit, kirchliche Besitzungen in der Stadt werden säkularisiert.

1803 Drei jüdische Bankiers dürfen gegen Gewährung hoher Darlehen in der Stadt Wohnsitz nehmen.

1805 Während des 3. Koalitionskriegs besetzen französische Truppen die Stadt, Napoleon in A. Am 21. Dezember Besetzung durch bayerisches Militär.

1806 Ende der reichsstädtischen Zeit: Zivilbesitznahme durch das Königreich Bayern, Sitz der Regierung wird die bischöfliche Residenz. Gründung der Börse.

1810 Die «Allgemeine Zeitung» verlegt ihren Erscheinungsort nach A.

1817 A. Hauptstadt des Regierungsbezirkes Schwaben und Neuburg.

1818 Bayerische Gemeindeordnung: Selbstverwaltungsrechte auch für A.

1824 Der Verleger Cotta nimmt eine dampfbetriebene Schnelldruckpresse in Betrieb.

1836 J. F. Merz verlegt seine Kammgarnspinnerei von Nürnberg nach A.

1837 Gründung der Mechanischen Spinnerei und Weberei.

1840 Inbetriebnahme der Eisenbahnstrecke München-A.; Sandersche Maschinenfabrik: Anfänge der späteren MAN (gegr. 1857).

1842 Eine Handelskammer für Schwaben und Neuburg, die spätere IHK, wird gegründet

1848 Die Revolution läßt A. fast unberührt.

1854 Auflösung der Kaufleutestube.

1857 Gründung einer Maschinenfabrik durch Ludwig August Riedinger.

1860 Beginn der Niederlegung der Stadtmauern.

1864 Friedrich Dürr begründet Mitgliedsgruppe des «Allgemeinen Deutschen Arbeiter- Vereins».

1866 Der Bundesrat tagt im Hotel «Drei Mohren»; Festungseigenschaft der Stadt wird aufgehoben.

1868 Einführung der Gewerbefreiheit.

1869 Revision der bayerischen Gemeindeordnung: Direktwahl, Zensus fällt weg. Gescheiterter Arbeitskampf in der Spinnerei und Weberei Krauss.

1871 Reichsgründung. Auf dem Fronhof wird ein Siegesdenkmal errichtet (1876 fertiggestellt).

1872 Kanalisation in der Unterstadt.

1877 Einweihung des Stadttheaters.
1893 «Verband Ordnungsliebender Arbeiter» gegründet.
1897 Rudolf Diesel baut im Stammwerk der MAN den ersten funktionsfähigen Dieselmotor. Gründung der Ballonfabrik Riedinger.
1898 Bert Brecht in A. geboren (†1956).
1910- 16 Eingemeindungen, u.a. Lechhausens.
1911 Großstadtfeier. A. hat über 100 000 Einwohner.
1914- 1918 Erster Weltkrieg. 3500 Augsburger Gefallene.
1918 Ein Arbeiter- und Soldatenrat übernimmt am 8. 11. die Macht im Rathaus.
1919 7. April Einrichtung der Räterepublik; 13. 4. Abwendung vom kommunistischen Kurs des Münchner Zentralrats; 20. 4.: Reichswehr und Freikorps besetzen A.; 22. Mai: Selbstverwaltungsgesetz: Einheitlicher Stadtrat, Frauen dürfen wählen.
1922 Otto Falckenberg inszeniert in A. Brechts «Trommeln in der Nacht».
1923 Die Inflation vernichtet Stiftungsvermögen und Sparguthaben.
1926 Übersiedlung der Bayerischen Flugzeugwerke nach A., 1938 in Messerschmitt AG umbenannt.
1929 Die Weltwirtschaftskrise hat gravierende Auswirkungen auf den Stadthaushalt.
1930 Stadtmarkt zwischen Fugger- und Annastraße eingeweiht.
1932/33 Die Arbeitslosenquote beträgt 22 Prozent.
1933 Die NSDAP bleibt bei den Märzwahlen mit 32,3 Prozent weit unter dem Reichsdurchschnitt (43,9 Prozent). 9. März: Am Rathaus wird die Hakenkreuzfahne aufgezogen. Beginn der Gleichschaltung und des Terrors, Aufruf zum Boykott jüdischer Geschäfte.
1934 Schließung der Augsburger Börse.
1936 Die bei Messerschmitt produzierte ME 109 wird Standardjäger der Luftwaffe. Kriegswirtschaft: In A. herrscht Vollbeschäftigung.
1938 «Arisierung» des Wirtschaftslebens weitgehend abgeschlossen. In der «Reichspogromnacht» (9./10.11.) wird die Synagoge an der Halderstraße schwer beschädigt.
1939–1945 Zweiter Weltkrieg: Fast 10 000 Augsburger fallen, sterben in Gefangenschaft, bleiben vermißt.
1941 Rudolf Heß startet vom Flugplatz der Messerschmitt- Werke aus zu seinem England- Flug.

1943 Bebo Wager wird in Stadelheim hingerichtet.

1944 Bei einem Luftangriff in der Nacht zum 26. Februar sterben 730 Augsburgerinnen und Augsburger; 80000 werden obdachlos. Der «Goldene Saal» des Rathauses brennt völlig aus.

1945 Am 8. April marschieren Verbände der 7. US-Infanterie-Division in A. ein. Seit Frühsommer werden wieder politische Parteien zugelassen, Mitte Oktober: Gründung der Allgemeinen Freien Augsburger Gewerkschaft; 30.10. erste Ausgabe der «Schwäbischen Landeszeitung» (ab 1959 «Augsburger Allgemeine»). Dr. Ludwig Dreyfuß Oberbürgermeister.

1946 Freie Wahlen am 26. Mai ergeben absolute Mehrheit für die CSU. Dr. Heinz Hohner Oberbürgermeister.

1947 Die Christian Dierig AG verlegt ihren Hauptsitz nach A.; deutsche Tochtergesellschaft der *National Cash Registers* (NCR) in A.; Dr. Klaus Müller Oberbürgermeister.

1948 Rose und Walter Oehmichen eröffnen ein Puppenthater, die spätere «Augsburger Puppenkiste».

1952 Direktwahl des Oberbürgermeisters.

1955 Zum Jubiläum der Lechfeld-Schlacht besucht Bundespräsident Heuss A. Die Stadt hat über 200000 Einwohner; der Wiederaufbau ist weitgehend abgeschlossen.

1963 Neugestaltung des Rathausplatzes.

1964 Wolfgang Pepper Oberbürgermeister.

1970 Beginn des Lehrbetriebs an der neugegründeten Universität.

1972 Hans Breuer Oberbürgermeister. Eingemeindungen durch die Gebietsreform; A. hat 257000 Einwohner.

1982 Fertigstellung des Zentralklinikums.

1985 2000-Jahr-Feier.

1990 Dr. Peter Menacher Oberbürgermeister.

2002 Dr. Paul Wengert Oberbürgermeister.

Literatur

Vorbemerkung. Grundlegend für die Beschäftigung mit dem Thema ist die 1984 erschienene umfassende Stadtgeschichte (Gottlieb 1984) mit zahlreichen Einzelbeiträgen. Eine gut lesbare Gesamtdarstellung bietet Wolfgang Zorn (Zorn 1994). Hilfreich ist das «Augsburger Stadtlexikon» (Grünsteudel 1998), dessen Lemmata zum Teil eigene Forschungsberichte darstellen. Die folgende Literaturauswahl gibt in erster Linie *neuere Titel*, die ältere Literatur mitteilen und nur wenige ältere, dafür besonders wichtige Arbeiten. Die überreiche Augsburg- Literatur wird in den Literaturberichten erfaßt, die sich kontinuierlich in der Zeitschrift des Historischen Vereins für Schwaben (ZHVS) finden.

Baer, Wolfram (Hg.), Trümmer, Jeeps und leere Mägen. Chronik der Stadt Augsburg 1945 – 1948, Augsburg 1995.

Bakker, Lothar (Hg.), Augsburger Beiträge zur Archäologie, Augsburg 2001.

Bakker, Lothar, Frühes Christentum und Siedlungskontinuität von der Spätantike zum frühen Mittelalter, in: Ausstellungskatalog Hl. Afra. Eine frühchristliche Märtyrerin in Geschichte, Kunst und Kult, Augsburg 2004, S. 42–51.

Berschin, Walter/ Häse, Angelika (Hg.), Gerhard von Augsburg, Vita Sancti Uodalrici. Die älteste Lebensbeschreibung des heiligen Ulrich, Heidelberg 1993.

Böhm, Christoph, Die Reichsstadt Augsburg und Kaiser Maximilian I. Untersuchungen zum Beziehungsgeflecht zwischen Reichsstadt und Herrscher an der Wende zur Neuzeit, Sigmaringen 1998.

Brecht, Walter, Unser Leben in Augsburg, damals. Erinnerungen, Frankfurt a.M. 1984.

Clasen, Claus Peter, Die Augsburger Weber. Leistungen und Krisen des Textilgewerbes um 1600, Augsburg 1981.

Dietrich, Rosemarie, Die Integration Augsburgs in den bayerischen Staat, 1806–1821, Sigmaringen 1993.

Domarus, Wolfgang, Nazionalsozialismus, Krieg und Bevölkerung. Untersuchungen zur Lage, Volksstimmung und Struktur in Augsburg während des Dritten Reiches, München 1977.

Fassl, Peter, Konfession, Wirtschaft und Politik. Von der Reichstadt zur Industriestadt. Augsburg 1750–1850, Sigmaringen 1988.
Fischer, Ilse, Industrialisierung, sozialer Konflikt und politische Willensbildung in der Stadtgemeinde. Ein Beitrag zur Sozialgeschichte Augsburgs, 1840–1914, Augsburg 1977.
François, Etienne, Die unsichtbare Grenze. Protestanten und Katholiken in Augsburg, 1648 – 1806, Sigmaringen 1991.
Gier, Helmut/Janota, Johannes (Hg.), Augsburger Buchdruck und Verlagswesen. Von den Anfängen bis zur Gegenwart, Wiesbaden 1997.
Gottlieb, Gunther u.a. (Hg.), Geschichte der Stadt Augsburg von der Römerzeit bis zur Gegenwart, Stuttgart 1984.
Grünsteudel, Günther/Hägele, Günter/Frankenberger, Rudolf (Hg.), Augsburger Stadtlexikon, [2]Augsburg 1998.
Häberlein, Mark, Brüder, Freunde und Betrüger. Soziale Beziehungen, Normen und Konflikte in der Augsburger Kaufmannschaft um die Mitte des 16. Jahrhunderts, Berlin 1998.
Hetzer, Gerhard, Die Industriestadt Augsburg. Eine Sozialgeschichte der Arbeiteropposition, in: Martin Broszat u.a., Bayern in der NS- Zeit III, München/Wien 1981, S. 1–233.
Hetzer, Gerhard, Kulturkampf in Augsburg 1933– 1945, Augsburg 1982.
Kellner, Hans- Jörg, Die Römer in Bayern, [4]München 1978.
Kirmeier, Josef/Jahn, Wolfgang/Brockhoff, Evamaria (Hg.), ‹... wider Laster und Sünde›. Augsburgs Weg in die Reformation, Köln 1997.
Mauer, Benedikt, ‹Gemain Geschrey› und ‹teglich Reden›. Georg Kölderer – ein Augsburger Chronist des konfessionellen Zeitalters, Augsburg 2001.
Ortisi, Salvatore, Die Stadtmauer der raetischen Provinzhauptstadt Aelia Augusta – Augsburg, Augsburg 2001.
Pölnitz, Götz Freiherr von, Die Fugger, [6]Tübingen 1999.
Roeck, Bernd, Als wollt' die Welt schier brechen. Eine Stadt im Zeitalter des Dreißigjährigen Krieges, München 1991.
Rogge, Jörg, Für den gemeinen Nutzen. Politisches Handeln und Politikverständnis von Rat und Bürgerschaft in Augsburg im Spätmittelalter, Tübingen 1996.
Roth, Friedrich, Augsburgs Reformationsgeschichte, 4 Bde., 1881–1911.

Scheller, Benjamin, Memoria an der Zeitenwende. Die Stiftungen Jakob Fuggers des Reichen vor und während der Reformation (ca. 1505–1555), Berlin 2004.
Scherff, Bruno, Studien zum Heer der Ottonen und der ersten Salier (919 – 1056), Diss. Bonn 1985.
Seling, Helmut, Die Kunst der Augsburger Goldschmiede 1529 bis 1868, München 1980/1994.
Sieh-Burens, Katharina, Oligarchie, Konfession und Politik im 16. Jahrhundert. Zur sozialen Verflechtung der Augsburger Bürgermeister und Stadtpfleger 1518–1618, München 1986.
Weber, Albrecht, Brecht – der Augsburger, in: Helmut Koopmann/Theo Stammen (Hg.), Bertolt Brecht – Aspekte seines Werkes, Spuren seiner Wirkung, München 1983.
Weitlauff (Hg.), Manfred, Bischof Ulrich von Augsburg 890 bis 973. Seine Zeit – sein Leben – seine Verehrung, Weißenhorn 1993.
Werner, Joachim (Hg.), Die Ausgrabungen in St. Ulrich und Afra in Augsburg 1961–1968, München 1977.
Wirsching, Andreas (Hg.), Nationalsozialismus in Bayerisch-Schwaben. Herrschaft – Verwaltung – Kultur, Ostfildern 2004.
Zoepfl, Friedrich, Das Bistum Augsburg und seine Bischöfe im Mittelalter, München 1955.
Zorn, Wolfgang, Augsburg. Geschichte einer deutschen Stadt, 3Augsburg 1904.

Bildnachweis

Augsburg, Dr. Elisabeth Hiller/ Verlag Bernd Wißner: 176. – Augsburg, Katholische Kirchenstiftung St. Ulrich und Afra: 59. – Augsburg, Staats- und Stadtbibliothek: 39, 72, 74, 95, 136, 147. – Augsburg, Stadtarchiv: 62, 64, 85, 87, 125, 143. – Augsburg, Stadt Augsburg, Fotolabor: 86, 98, 166, 168, 170, 171, 179, 184, 188, 191. – Hoher Dom zu Augsburg, Diözese Augsburg: 46, 48. – Augsburg, Städtische Kunstsammlungen, Deutsche Barockgalerie: 148, 149. – Augsburg, Regio Augsburg: 103, 134, 135, 173. – Augsburg, Städtische Kunstsammlungen, Graphische Sammlung: 8, 112, 152, 153, 154, 160, 163. – Augsburg, Städtische Kunstsammlungen, Maximiliansmuseum: 52, 102, 123, 128, 130, 156. – Augsburg, Städtische Kunstsammlungen, Römisches Museum: 12, 16, 19, 20, 21, 26. – Bayonne, Musée Bonnat: 96. – Donaueschingen, Fürstliche Fürstenbergische Sammlungen: 138. – Frankfurt a.M., Museum für angewandte Kunst : 145. – London, British Library: 122. – Madrid, Museo del Prado: 106. – München, Bayerische Staatsbibliothek: 30. – München, Bayerische Staatsgemäldesammlungen, Alte Pinakothek: S. 120. – Privatbesitz: 78 (Foto: Thomas Manetsch), 90, 140, 182. – Nach Illustration von F. J. Tripp zu: Michael Ende, Jim Knopf und Lukas der Lokomotivführer, 195 (© by Thienemann Verlag GmbH, Stuttgart/ Wien, Foto Christine Meile). – Wien, Haus-, Hof- und Staatsarchiv: 117. – Wien, Österreichische Nationalbibliothek: 34.
Vorderer Vorsatz: Georg Braun/Franz Hogenberg, Civitates orbis terrarum, 1572
Hinterer Vorsatz: © Stadt Augsburg, Stadtvermessungsamt

Danksagung

Der Dank des Autors gebührt zunächst den Mitarbeiterinnen und Mitarbeitern in Zürich: Julia Burckhardt, Janina Gruhner, Thomas Manetsch und Frieder Mißfelder M.A. Dr. Lothar Bakker (Augsburg), Prof. Dr. Ludwig Schmugge (Rom/ Zürich) und Dr. Franziska Jäger (München) lasen einzelne Kapitel und halfen, Fehler zu vermeiden.

In Augsburg fand der Autor unbürokratische und engagierte Hilfe. S. E. Weihbischof Dr. Josef Grünwald erteilte die Erlaubnis, Kunstwerke aus dem Dom abzubilden. Besonders danke ich Manfred Hahn M.A. vom Römischen Museum, ebenso Dr. Christoph Emmendörffer und Siegfried Sauter (beide Städtische Kunstsammlungen), die bei der Bildbeschaffung behilflich waren. Der Direktor der Staats- und Stadtbibliothek, Dr. Helmut Gier, unterstützte das Projekt ebenso wie Dr. Josef Mançal (Stadtarchiv). Dr. Gode Krämer (vormals Städtische Kunstsammlungen Augsburg) öffnete dem Autor bereitwillig sein «mentales Archiv». Ohne Siegfried Kerpf, der in den Katakomben des Verwaltungsgebäudes an der Maximilianstraße eine der bemerkenswertesten städtischen Fotosammlungen Deutschlands betreut, wäre die qualitätvolle Bebilderung des Buches nicht möglich gewesen. Dr. Bernd Wißner, dem Chef des gleichnamigen Verlages, danke ich ebenso wie Dr. Elisabeth Hiller für freundliche Unterstützung. Weitere Institutionen, die Abbildungsvorlagen zur Verfügung stellten, sind im Bildnachweis genannt. Auch ihnen danken Autor und Verlag herzlich.

Schließlich sei dem Verlag C.H. Beck in München, im Besonderen Dr. Claudia Althaus, Carola Samlowsky und Christa Schauer, für die ausgezeichnete Zusammenarbeit gedankt.

Register

Die Namen moderner Autorinnen und Autoren sind kursiv gedruckt.

Aus dem Verlagsprogramm von C. H. Beck

Biographien

Johannes Kunisch
Friedrich der Große
Der König und seine Zeit
5. Auflage. 2005. 624 Seiten mit 29 Abbildungen
und 16 Karten. Leinen

Johannes Willms
Napoleon
Eine Biographie
2005. 840 Seiten mit 36 Abbildungen
und 21 zweifarbigen Karten. Leinen

Heike B. Görtemaker
Ein deutsches Leben
Die Geschichte der Margret Boveri
2005. 416 Seiten mit 18 Abbildungen. Gebunden

Uwe Schultz
Madame de Pompadour
oder die Liebe an der Macht
2. Auflage. 2005. 299 Seiten mit 12 Abbildungen. Leinen

Alfred Kohler
Karl V.
1500-1558. Eine Biographie
3. Auflage. 2001. 424 Seiten mit 22 Abbildungen
und 1 Karte und 1 Genealogischen Tafel.. Leinen

Ingeborg Walter
Der Prächtige
Lorenzo de Medici und seine Zeit
2. Auflage. 2003. 336 Seiten mit 28 Abbildungen
und farbig bedrucktem Vor- und Nachsatz. Leinen

Stadt- und Regionalgeschichten

Richard Bauer
Geschichte Münchens
Vom Mittelalter bis zur Gegenwart
2005. 224 Seiten mit 85 Abbildungen, davon 50 in Farbe.
Gebunden

Peter-Michael Hahn
Geschichte Potsdams
Von den Anfängen bis zur Gegenwart
2003. 160 Seiten mit 49 Abbildungen, davon 25 in Farbe
und 2 Karten. Klappenbroschur

Gerhard Tausche/Werner Ebermeier
Geschichte Landshuts
2003. 175 Seiten mit 63 Abbildungen, davon 39 in Farbe.
Klappenbroschur

Martin Schieber
Nürnberg
Eine illustrierte Geschichte der Stadt
2000. 192 Seiten mit 62 Abbildungen, davon 33 in Farbe
und 4 Stadtplänen. Klappenbroschur

Martin Schieber
Erlangen
Eine illustrierte Geschichte der Stadt
2002. 142 Seiten mit 61 Abbildungen, davon 26 in Farbe
und 2 Stadtplänen. Klappenbroschur

Dieter Schäfer
Geschichte Würzburgs
Von den Anfängen bis zur Gegenwart
2003. 189 Seiten mit 63 Abbildungen, davon 27 in Farbe
und 2 Karten. Klappenbroschur

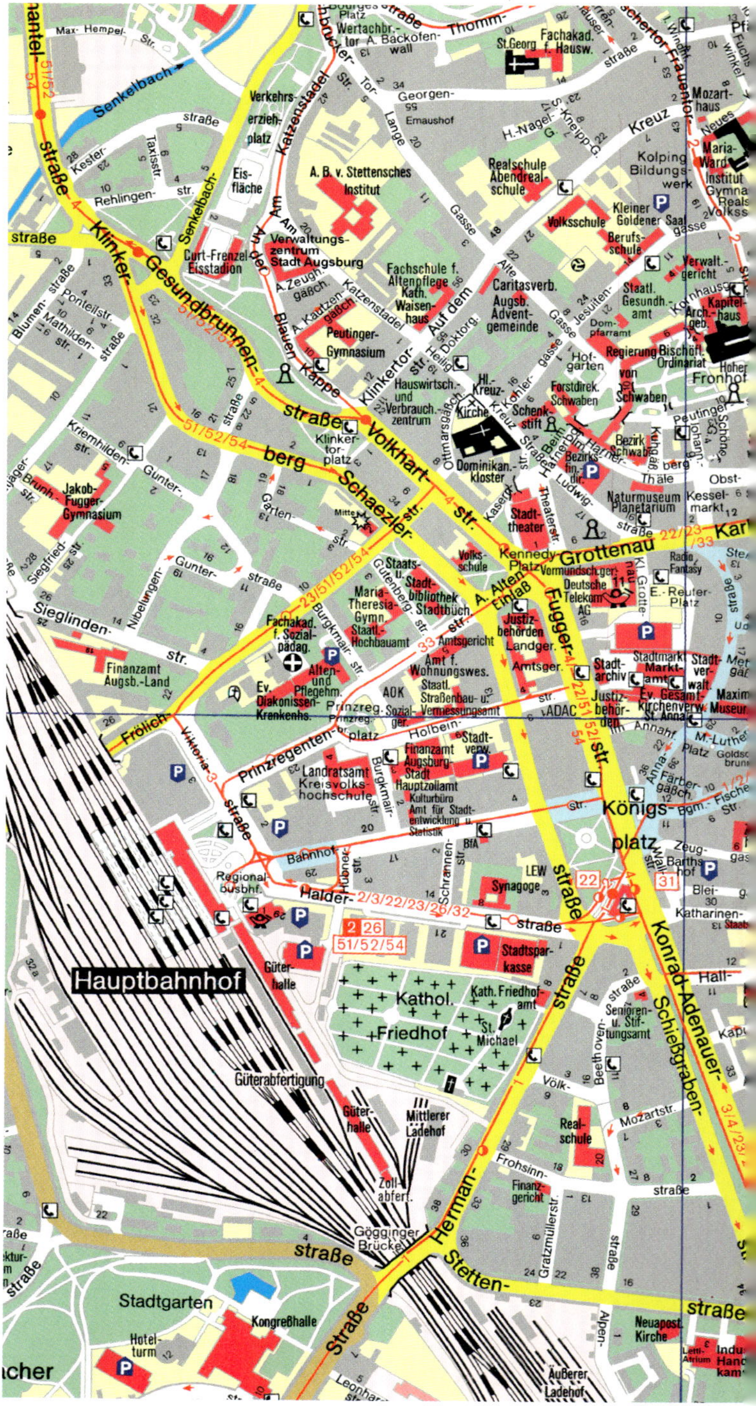

Max-Hempel-Str.
Senkelbach
Kester-
Rehlingen-str.
Taxisstr.
Senkelbach-straße
Verkehrs-erzieh-platz
Eis-fläche
Katzenstadel
Am Verwaltungs-zentrum Stadt Augsburg
A. B. v. Stettensches Institut
Curt-Frenzel-Eisstadion
Klinker-
Gesundbrunnen-
straße
Blumen-straße
Ponteilstr.
Mathilden-str.
Fachschule f. Altenpflege
Kath. Waisen-haus
Peutinger-Gymnasium
A.Zeugh.-gäßch.
A.Kautzen-gäßch.
Blauen Kappe
Klinkertor-str.
Klinker-tor-platz
Volkhart-str.
Schaezler-str.
berg
Hauswirtsch.- und Verbrauch.-zentrum
Hl.-Kreuz-Kirche
Dominikan.-kloster
Ottmarsgäßch.
Heilig-Kreuz-str.
Auf dem Kreuz
Georgen-
Emaushof
Lange Gasse
St.Georg
Fachakad. f. Hausw.
Thomm-
Frauentor-
Mozart-haus
Neues
Maria-Ward-Institut
Kolping Bildungs-werk
Kleiner Goldener Saal
Realschule Abendreal-schule
H.-Nagel-G.
S.-Kneipp-G.
Volksschule
Berufs-schule
Verwalt.-gericht
Kapitel-haus
Caritasverb.
Ausgb. Advent-gemeinde
Alte Gasse
Jesuiten-gasse
Staatl. Gesundh.-amt
Dom-pfarramt
Regierung von Schwaben
Bischöfl. Ordinariat
Hoher Fronhof
Hof-garten
Forstdirek. Schwaben
Kohler-gasse
Schenk-stift
Peutinger-str.
Bezirk Schwab.
Bezirks-fin.-dir.
Ludwig-straße
Thäle
Obst-
Naturmuseum Planetarium
Kessel-markt
Stadt-theater
Theaterstr.
Kasernstr.
Kennedy-Platz
Grottenau
Radio Fantasy
Vormundsch.ger.
Deutsche Telekom AG
Kl. Grotten-au
E.-Reuter-Platz
Stadtmarkt
Markt-amt
Stadt-archiv
Stadt-ver-walt.
Justiz-behör-den
Ev. Gesamt-Kirchenverw. St. Anna
ADAC
Annahof
M.-Luther-Platz
Anna-str.
Färber-gäßch.
Maxim Museum
Kriemhilden-str.
Gunter-str.
Garten-str.
Jakob-Fugger-Gymnasium
Brunh.-str.
Siegfried-str.
Nibelungen-str.
Gunter-straße
Sieglinden-str.
Finanzamt Augsb.-Land
Staats- u. Stadt-bibliothek
Stadtbüch.
Maria-Theresia-Gymn.
Staatl. Hochbauamt
Gutenberg-str.
Volks-schule
A. Alten Einlaß
Justiz-behörden
Landger.
Amtsger.
Amtsgericht
Fugger-str.
Fachakad. f. Sozial-pädag.
Alten-und Pflegeheim.
Ev. Diakonissen-Krankenhs.
Burgkmair-str.
AOK
Amt f. Wohnungswes.
Staatl. Straßenbau- u. Vermessungsamt
Sozial-ger.
Prinzreg.-platz
Holbein-
Stadt-verw.
Fröhlich-
Viktoria-straße
Prinzregenten-
Landratsamt Kreisvolks-hochschule
Finanzamt Augsburg-Stadt
Hauptzollamt
Kulturbüro
Amt für Stadt-entwicklung u. Statistik
BfA
Königs-platz
Bgm.-Fischer-Str.
Bahnhof-str.
Regional-busbhf.
Halder-straße
Schrannen-str.
Hübner-str.
LEW
Synagoge
Barthshof
Zeug-
Katharinen-
Konrad-Adenauer-
Stadtspar-kasse
Hauptbahnhof
Güter-halle
Kathol. Friedhof
Kath. Friedhof-amt
St. Michael
Hall-
Schießgraben-
Senioren- u. Stif-tungsamt
Beethoven-str.
Güterabfertigung
Mittlerer Ladehof
Real-schule
Völk-
Mozartstr.
Frohsinn-
Finanz-gericht
Zoll-abfert.
Gratzmüllerstr.
straße
Gögginger Brücke
Herman-
Stetten-
straße
Stadtgarten
Kongreßhalle
Hotel-turm
Alpen-
Neuapost. Kirche
Äußerer Ladehof
Leonhard-